Dieses Buch wurde klimaneutral hergestellt.
CO_2-Emissionen vermeiden, reduzieren, kompensieren –
nach diesem Grundsatz handelt der oekom verlag.
Unvermeidbare Emissionen kompensiert der Verlag
durch Investitionen in ein Gold-Standard-Projekt.
Mehr Informationen finden Sie unter: www.oekom.de

Bibliografische Information der Deutschen Nationalbibliothek

Die Deutsche Nationalbibliothek verzeichnet diese Publikation in
der Deutschen Nationalbibliografie; detaillierte bibliografische
Daten sind im Internet über http://dnb.d-nb.de abrufbar.

© 2010 oekom verlag, München
Gesellschaft für ökologische Kommunikation mbH
Waltherstraße 29, 80337 München

Visuelle Gestaltung: Torge Stoffers
Satz: oekom verlag

Druck: Kessler Druck + Medien, Bobingen

Dieses Buch wurde auf FSC-zertifiziertem Papier gedruckt.
FSC (Forest Stewardship Council) ist eine nichtstaatliche,
gemeinnützige Organisation, die sich für eine ökologische und
sozialverantwortliche Nutzung der Wälder unserer Erde einsetzt.

Mix
Produktgruppe aus vorbildlich bewirtschafteten
Wäldern und anderen kontrollierten Herkünften
www.fsc.org Zert.-Nr. IMO-COC-026340
© 1996 Forest Stewardship Council

Karlheinz A. Geißler

Lob der Pause

Warum unproduktive Zeiten ein Gewinn sind

Inhaltsverzeichnis

... dass Sie sich über Ihren Umgang mit der Zeit einmal ein paar Gedanken machen, wenn Ihnen Folgendes passiert:

- 🕐 Sie kehren nach einem stressigen Arbeitstag abends in Ihre Wohnung zurück und schalten vor dem Licht den Fernseher an.
- 🕐 Sie kehren wieder mal von einer Ihrer vielen Geschäftsreisen zurück und vermissen, als Sie sich ins Bett legen wollen, das Schokoladentäfelchen auf Ihrem Kopfkissen.
- 🕐 Sie stehen ratlos am Bahnhof und rufen im Büro oder bei Ihrer Frau an, um sich zu erkundigen, wohin die Reise gehen soll.
- 🕐 Sie bereiten das Abendessen vor. Das Telefon klingelt. Sie greifen zum Telefon, rühren damit die Sauce um und halten den Kochlöffel ans Ohr.
- 🕐 Ihre Sekretärin oder gar Ihr Chef ruft Sie regelmäßig bereits frühmorgens beim Zähneputzen an, um Ihnen die anstehenden Termine des Tages durchzugeben.

- ⏱ Sie verwechseln das Signal des Eierkochers mit dem Klingeln Ihres Telefons oder suchen beim Läuten der Kirchenglocken Ihr Mobiltelefon.
- ⏱ Der letzte Blick am Abend und der erste am Morgen gilt dem Display Ihres Organizers, nicht jedoch Ihren schlafenden Kindern.

Lebst du schon oder sparst du noch: die Zeit?

Freundin fürs Leben

Die Zeit ist für die Menschen das, was das Wasser für die Fische ist. Sie schwimmen in ihrem Element, ohne sich Gedanken zu machen, worin sie sich eigentlich bewegen. Der Mensch jedoch hat, im Gegensatz zu den Fischen, die Fähigkeit, darüber nachzudenken. Und es lohnt sich, der Selbstverständlichkeit »Zeit«, der wir unsere Existenz verdanken, die uns das Leben schenkt (es uns aber auch wieder nimmt), zumindest hin und wieder gedanklich nachzuspüren. Tut man dies, verliert man rasch die Uhr aus dem Auge und dem Sinn. Was bereits andeutet, dass die Uhr offenbar etwas ganz anderes ist als die Zeit.

Der Mensch ist gegenüber der ihn umgebenden Natur in vielerlei Hinsicht einzigartig. So ist er unter allen Lebewesen das einzige, das Zeit *spart*. Jedenfalls ist er der Meinung, das nicht nur tun, sondern sich auch leisten zu können. Wären Tiere in der Lage, Zeit zu sparen, dann wäre das Teil ihres genetischen Programms. Menschen hingegen haben die Freiheit, sich bewusst fürs Zeitsparen zu entscheiden. Doch tun sie dies mit Vorliebe erst, seitdem sie die mechanische Uhr erfunden und zu ihrer Zeitgottheit erklärt haben. Der Mensch kann Zeit sparen, aber er kann es auch sein lassen; kann es so oder auch anders machen. Tiere sind zweckgesteuert, Menschen dagegen zielorientiert. Einfacher gesagt: Würden Affen Zeit sparen, wären sie Menschen.

Doch betrachtet man das, was bei den umfangreichen Zeitsparanstrengungen der Menschen herauskommt, wundert es schon ein wenig, dass sie dafür so viel Zeit aufwenden. Die Realität nämlich zeigt immer wieder, dass die Klagen, »zu wenig Zeit« zu haben, mehr und mehr »unter Zeitdruck« zu stehen, in dem Maße zunehmen, wie Zeit gespart wird. Goethe bereits wies darauf hin und warnte: »Wir wollen alle Tage sparen und brauchen alle Tage mehr.« Da liegt die Frage nahe: Könnte es nicht sein, dass wir mehr Zeit hätten und weniger unter Stress litten, wenn wir uns das ständige »Zeitsparen« – sparen würden? Die Frage muss auch deshalb gestellt werden, weil wir sicher sein können, dass Zeit täglich aufs Neue nachkommt, und zwar in exakt der Menge, die Tag für Tag vergeht. Erstaunlich auch sind Aufwand und Leidenschaft, mit denen wir versuchen, Zeit zu »gewinnen«, um sie anschließend wieder zu »vertreiben«.

»Jeder Tag ist vierundzwanzig Stunden lang«, hat der Kabarettist Wolfgang Neuss einmal klug festgestellt, »aber unterschiedlich breit.« Für Zeitsparer ist er stets gleich breit und deshalb immer zu kurz. Zeitsparer nämlich *organisieren* die Zeit, sie leben sie nicht, weil sie sie nicht *erleben*. Sie bringen ihr Leben nur hinter sich. Gespart werden kann schließlich nur ungelebte, qualitätslose, also unqualifizierte Zeit. Die aber ist so nutzlos wie sinnlos. Zeitsparer verstehen offenbar so viel von der Zeit und ihren Qualitäten wie der Kuckuck von der Uhr. Zeit *leben* hingegen heißt, sie in ihrer qualitativen Vielfalt, in ihren bunten Formen zu leben. Das bedeutet konkret, auch die Zeitformen zu (er)leben, die keinen Preis, wohl aber einen Wert haben: die abgebremsten Zeiten des Pausierens, des Wartens, der Wiederholungen und des Langsamen. Wenn zeitsattes und zeitreiches Leben heißt, möglichst viele schöne Augenblicke zu sammeln, dann kann man dies nicht schnell und man kann es auch nicht durch Zeitsparen erreichen. Denn wer Zeit spart, spart keine Zeit, sondern Leben.

Bei dem französischen Philosophen Paul Valéry finden wir eine Erklärung, warum das Zeitsparen und der vermeintliche Fortschritt, der hierdurch ermöglicht wurde, die Menschen nicht lebensfroher gemacht haben: »Fast die gesamte Praxis ist dem Messen unterworfen. Das Leben, ohnehin schon zur Hälfte unterjocht, abgesteckt, in Reih und Glied gebracht und unterworfen, kann sich kaum noch der Zeitpläne, Statistiken, Messvorgänge und der quantitativen Präzisierung erwehren, deren Entwicklung seine Vielfalt immer mehr einschränken, seine Ungewissheit mindern, seinen Verlauf sicherer machen, länger, maschinenhafter.«

Was Valéry anspricht, ist die Tatsache, dass jene Zeitformen und Zeitqualitäten, die sich dem Uhrzeitmaß verweigern und sich nicht dem »Imperium der Zahl« (Valéry) unterwerfen, in immer größerem Maße abgewertet, belächelt und vielfach auch diskriminiert werden. Unter Druck geraten sind dabei, wie wir in diesem Buch sehen werden, an vorderster Stelle die Langsamkeit, das Wiederholen, das Warten und die Pause. Der stiefmütterliche Umgang mit diesen Zeitqualitäten hat sie zu einem Überleben in einer Art »Niemandsland« verdammt.

Warum nur tun wir das, wo die Zeit es doch so gut mit uns meint?! Sie ist unsere treueste Freundin, begleitet sie uns Menschen doch von der Geburt bis zum Tod. Gute, besonders aber so treue Freundinnen lädt man doch zu sich ein, verwöhnt sie und bemüht sich um sie, versucht sie näher kennen-, vielleicht sogar lieben zu lernen! Was aber tun die Menschen mit ihrer Freundin »Zeit« stattdessen? Sie schubsen sie herum, wie die Post es mit Weihnachtspaketen macht: Mal lassen sie die Zeit liegen, verlieren sie, dann wieder finden sie sie, stopfen sie voll oder vertreiben sie wie einen Hund, der Anstalten macht, an die Haustüre zu pinkeln. Mit Vorliebe aber managen und organisieren die Menschen die Zeit, sie sparen und nutzen sie, und hin und wieder werden sie von ihr so in Rage gebracht, dass sie versuchen, sie »totzuschlagen« – zumal dies mörderische Tun von der Justiz nicht verfolgt wird. Doch auch diejenigen von uns, die vor ihr zu fliehen versuchen, scheitern. Denn vor der Zeit kann man nicht fliehen, da gelingt keine Flucht. Man kann ihr nun mal nicht entkommen. Und so bleibt nur eins – sie zu nehmen, wie sie ist. Tut man das, wird man bald (und bitte nicht: »zeitnah«) feststellen, dass sie abwechslungsreicher, bunter und erheblich freundlicher zu den Menschen ist als die zu ihr.

Zeit ist Zeit ist Zeit …

»Was ist die Zeit?« – Alle wissen es, doch keiner kann es erklären. Vielleicht sollte man sich deshalb mit der Einsicht zufriedengeben, die der Mathematiker Lambert in einem Brief vom 13. Oktober 1770 an Immanuel Kant, der sich gerade über die Tiefen und Untiefen der Zeit Gedanken machte, mitteilte: »Die beste Definition wird wohl immer die sein, dass Zeit Zeit ist.« Das ist trivial, zirkulär und irgendwie hilflos. Es läuft auf die Begriffsbestimmung hinaus: »Zeit ist das, was wir haben, während wir tun, was wir machen.« Auch nicht sehr überzeugend – und weiter bringt diese Definition auch niemanden. Etwas klüger (wirklich nur etwas) machen die Auskünfte von Vertretern verschiedener Wissenschaftsdisziplinen. Physiker halten die Zeit für »eine hartnäckige Illusion« (Einstein), Existenzphilosophen nennen sie »das Sein zum Tode« (Heidegger), Theologen sehen in ihr »den Anlauf zur Ewigkeit«, Psychologen ein »Empfinden ohne Sinnesorgan«, Sozialwissenschaftler erkennen in ihr ein »Mittel, um Ordnung im Rahmen des Vergänglichen« zu schaffen, Ökonomen behaupten gar, »Zeit ist Geld« und daher auch ein wichtiger »Rohstoff«, und manch ein Politiker sieht in der Zeit nichts anderes als das Maß für eine Legislaturperiode. Wie soll man diese unterschiedlichen Bedeutungsinhalte in einer einheitlichen, allgemeingültigen Begriffsbestimmung zusammenbinden?

Rettung findet man auch nicht bei den Germanisten. Die nämlich behaupten, die Zeit sei ein »einsilbiges Wort«. Das ist zwar richtig, aber nicht allzu aussagekräftig. So drängt sich einem die Erkenntnis auf, dass die »Zeit« ein verzwicktes Rätsel ist und bleibt. Auf die Frage »Was ist die Zeit?« lässt denn auch Thomas Mann in seinem Roman *Der Zauberberg* antworten: »Ein Geheimnis – wesenlos und allmächtig.« Und weil das so ist, glauben zwar alle, dass sie wüssten, was Zeit ist, doch sobald man nachfragt, hat jeder eine andere Antwort. So ist das mit allen großen Rätseln der Welt, zu denen die Zeit allein schon deshalb gehört. Und während wir uns bemühen, diese Rätsel zu lösen, müssen wir erleben, dass die Fragen immer größer werden und die Antworten immer kleiner. Verzichten wir also auf eine umfassende Antwort auf die Frage nach dem Wesen der Zeit und folgen wir dem Ratschlag des Philosophen Ludwig Wittgenstein, unlösbare Fragen nicht weiter lösen zu wollen, um stattdessen von ihnen geheilt zu werden.

Wenn wir somit auch nicht wissen, was Zeit eigentlich ist, so können wir doch sagen, was wir mit dem, was wir »Zeit« nennen, Tag für Tag so tun. Mit »Zeit« füllen wir die Leere, vor der uns graut. Mit »Zeit« schaffen wir Gewissheiten und Ordnung im Rahmen des Vergänglichen. Doch es ist nicht die »Zeit«, die wir dabei messen, es sind Veränderungen, Dynamiken, Prozesse, die wir »Zeit« nennen. Für Hegel war die Zeit »angeschautes Werden«, also der Modus des Übergehens von einem Zustand in einen anderen. Dieser Übergang vom Zustand A in den Zustand B ist es, den wir messen und »Zeit« nennen. Mit der Uhr und ihren sich bewegenden Zeigern veranschaulichen wir diesen Vorgang. Die Uhr misst also nicht die »Zeit«. Sie ermittelt und berechnet Strecken, Veränderungen, die von Zeigern zurückgelegt werden und die wir, je nach Länge, mit unterschiedlichen Begriffen belegen. Je nach Zeigerverlauf sprechen wir von ganzen, halben oder viertel Stunden und von Minuten und Sekunden. Gäbe es keine Veränderungen, würden wir nicht von Zeit und auch nicht über Zeit reden. Nur weil sich in dieser Welt und in uns selbst etwas verändert, reden wir von »Zeit«, kennen wir sie überhaupt.

Mit dem Begriff »Zeit« und den Maßen dieser Zeit tun die Menschen das, was sie auch mit anderen Begriffen machen, nämlich Ordnung schaffen. Sie stülpen der Welt und dem, was sich in ihr bewegt, Kategorien der Ordnung über, die, weil sie von Menschen geschaffen sind, auch ganz anders aussehen könnten, die früher anders aussahen und sich auch heute noch nicht auf der ganzen Welt gleichen. Es gibt also nicht nur *eine* Zeit, die Zeit der mechanischen Uhr. Es gibt auch eine Zeit *vor* der Erfindung der mechanischen Uhr und es sieht heute so aus, als gäbe es auch eine *nach* und *neben* der Uhrzeit.

Ganz anders als unser »uhrenmäßiger« Umgang mit Zeit funktioniert unser *Zeitempfinden*. Die Zeit des Menschen, so Marcel Proust, ist elastisch. »Die Leidenschaften, die wir fühlen, dehnen sie aus, die, die wir erregen, ziehen sie zusammen und Gewohnheit füllt den Rest aus.« Das Zeiterleben unterscheidet sich grundlegend von dem, was die Uhr an Zeit anzeigt. Die Zeitempfindungen und die Zeiterfahrungen bilden und entfalten sich in enger Abstimmung mit jenem Geschehen, an dem man teilnimmt, dessen Teil man ist. Tut sich nichts oder passiert nur wenig, erlebt man den Zustand, für den wir das Adjektiv »zeitlos« erfunden haben. Wir behaupten in solchen Momenten, die Zeit sei »stehen geblieben«. Wird eine Situation als unangenehm empfunden, vergeht die Zeit gewöhnlich zu langsam. Man versucht solche Situationen daher zu vermeiden, und wenn sich das nicht machen lässt, sie zumindest zu verkürzen. Ganz anders hingegen das Zeiterleben in glücklichen Augenblicken. In einem solchen Moment würde man die Zeit gerne »anhalten«, sie so lange wie möglich genießen. Glück hat keine Zeit, denn alles Glück will Ewigkeit.

2 Zeitinfarkt – der absehbare Crash auf den Finanzmärkten

Zeitvernichtung als Geldvernichtung

Einen schlagenderen Beweis, als ihn die globalisierte Finanzwirtschaft für den traurigen Sachverhalt geliefert hat, dass Raserei und Pausenlosigkeit schnurstracks ins Fiasko führen, kann man sich nicht ausdenken. Der Versuch, die Welt des raschen Geldes als das Land, in dem Milch und Honig fließen, erscheinen zu lassen, ist kläglich gescheitert. Heute wissen wir, dass dort, wo Zeit zu Geld gemacht wird, nicht nur Geldgewinne locken, sondern auch Geldvernichtung droht. Verursacher der Krise sind jedoch nicht allein die flotten Herren des glatten Börsenparketts, die man immerzu im Fernsehen präsentiert bekommt. Hauptverursacher ist der Computer. Sein Tempo ist es, seine Ruhe- und Pausenlosigkeit, von der sich die Spekulanten haben verführen und mitreißen lassen. Der gegen Ende des 20. Jahrhunderts aufkommende Computerhandel, der Einzug elektronischer Handels- und Informationssysteme, führte zu einer immensen Beschleunigung der Transaktionsgeschwindigkeiten sowie zu einer gravierenden Verkürzung und Verdichtung der Zeithorizonte bei den Akteuren auf den Finanzmärkten. Erreicht wurde dies in erster Linie durch die Vernichtung von »Zwischenzeiten« wie Pausen, Zeitnischen, Zeitlücken und zeitlichen Umwegen. In der Folge nahm die spekulative Orientierung auf den Märkten stark zu. Gemeinsam mit der Temposteigerung führten diese Veränderungen zu wachsender Instabilität und Fragilität der Finanzmärkte.

Was sich zuerst als Fortschritt präsentierte, stellte sich sehr bald als Problem dar. Die mit den Instabilitäten zunehmenden Risiken konnten aufgrund der Transaktionsdichte und des Transaktionstempos nicht mehr erkannt und eingeschätzt werden. Es fehlte schlichtweg die Zeit zur Kontrolle der Risiken. Die gigantischen Datenmengen der Finanzprodukte und Derivate ließen – zusammen mit der Steigerung der Transaktionsgeschwindigkeit – die Risiken ins Unermessliche steigen. Um Risiken einschätzen zu können, benötigt man bekanntlich ein Minimum an Überblick, Einblick und Durchblick. Doch Überblick, Einblick und Durchblick sind nicht in Höchstgeschwindigkeit herstellbar, auch sind sie nicht, wie zuweilen naiv unterstellt, durch technologische Hochrüstung beherrschbar. So musste der Hochgeschwindigkeitsblindflug der Finanzmärkte, bei dem man ohne Zeiten der Nachdenklichkeit, des Luftholens, des Durchatmens, des Abstandgewinnens auskommen wollte, zwangsläufig als Bauchlandung enden.

Auf diese Weise wurden die überbezahlten Global Player vor den vielen Bildschirmen schließlich zu Opfern ihrer Illusion, in einer grenzen- und pausenlos aktiven Welt ohne Zwischenräume und Zwischenzeiten, ohne zeitliche Nischen, ohne Intervalle, ohne Halt existieren und wirtschaften zu können. Sie mussten lernen (und man kann nur hoffen, dass sie diese Lehre auch akzeptieren), dass eine Ökonomie, die sich ausschließlich einer maximalen Kapitalrendite verpflichtet weiß und diesem Ziel alle natürlichen und menschlichen Zeitmaße und Zeitqualitäten opfert, ungebremst gegen die Wand rast.

Die durch die Finanzkrise aufgeworfenen Problematiken reichen jedoch weiter. Sie verlangen eine Antwort auf die Frage, ob unser derzeitiges Wohlstandsmodell des »Immer-schneller-immer-mehr« und des »Alles-überall-jederzeit-und-sofort« nicht in der Sackgasse gelandet ist. Nur hartnäckige Ignoranten sind noch der Meinung, so weitermachen zu können wie bisher. Jede vernünftige Neuausrichtung setzt jedoch voraus, dass wir unseren gegenwärtigen Umgang mit Zeit, den wir für »normal« halten (der es aber nicht im Entferntesten ist), problematisieren und revidieren.

Im Internet hat das auf infinite Zeitverkürzung und Zeitverdichtung zielende Prinzip wirtschaftlicher Rationalität sein ideales Medium gefunden, und zwar deshalb, weil es der Illusion Vorschub leistet, das wirkliche Leben könne ebenso flexibel und übergangslos gelebt werden. Das Internet kennt weder Anfang noch Ende, kennt keinen Mittelpunkt, keine Zwischenzeiten und Zwischenräume und folglich auch keine Übergänge. Das Internet verflüssigt alle Zeitarrangements und ersetzt die traditionelle, in der Natur verankerte Kultur des Anfangens und Beendens durch punktuelles, willkürliches Ein- und Ausschalten. Die Folgen können inzwischen besichtigt werden. Dort, wo nichts mehr den schnell und schneller rotierenden Kreislauf der Nützlichkeit verlässt, macht sich zwangsläufig die Unkultur der Schnellschüsse breit, deren problematischen Auswirkungen man mit einer weiteren Steigerung des Tempos zu entkommen versucht. Ungewollt bestätigte das ein Bankenvorstand in einem Fernsehinterview, als er einige Wochen nach dem Crash vor der Kamera gestand: »Jetzt beginnen wir allmählich zu begreifen, was da gelaufen ist.« So ehrlich hatte bis dahin kein Mitverantwortlicher eingeräumt, dass selbst die Spitzenverdiener in den Vorstandsetagen nicht wussten, was sie taten, als sie so taten, als würden sie viel tun. Zum Nachdenken hatten sie anscheinend keine Zeit, weil so etwas für sie »verlorene« Zeit war. Warum aber geht ein solches Geständnis des Nichtwissens immer noch problemlos als Entschuldigung durch? Die Antwort ist ernüchternd: Weil sich auch der kleine Sparer in stiller Komplizenschaft von der Aussicht aufs schnelle Geld zur Hektik und Besinnungslosigkeit hat verführen lassen.

Vergessen, verdrängt und ignoriert wurde dabei – von Ökonomen und Politikern gemeinsam – nicht nur die physikalische, sondern auch die soziale Binsenweisheit, dass Beschleunigung nur dann kalkulierbar und beherrschbar ist, wenn intakte Systeme zum Abbremsen und Stabilisieren vorhanden sind. Man muss kein Automechaniker sein, um zu wissen: Je schneller ein Auto fährt, umso notwendiger sind situationsgerecht abgestimmte Bremsvorrichtungen, die ein Verzögern, ein »Runterfahren«, Verlangsamen und Umsteuern erlauben. Diese Funktion übernehmen im Alltag sowie in der inneren und äußeren

Natur gewöhnlich die Zeitnischen des »Dazwischen«. Sie entkoppeln Handlungsabläufe und Verhaltensprogramme und ermöglichen so das Einfließen neuer Ideen und aktueller Informationen für Anschlusshandlungen.

Eine einäugig und ausschließlich auf Wachstum und Konkurrenzvorteile ausgerichtete Beschleunigungsdynamik bügelt alle Zeitfalten des »Dazwischen« jedoch weg und lässt niemandem mehr Zeit für die wichtige Frage: Wann ist genug? Zeitnischen und Zeitoasen werden unter diesen Bedingungen, ebenso wie alle anderen ungenutzten Zeiten, zu Störungen im Getriebe, da sie als unnütz erscheinen, sobald man sie durch die »Zeit ist Geld«-Brille betrachtet. Ein System aber, das keine regenerativen Räume und Zeiten (konkret: Intervalle, Pausen, Leerzeiten und Leerräume) mehr kennt und kultiviert, steuert zwangsläufig auf seinen Zusammenbruch zu. Wachstum um des Wachstums willen, wie dies gleichermaßen von Wirtschaft und Politik propagiert wird, ist kein sinnvoller Zweck und schon gar kein vernünftiges Ziel. Aus dieser Perspektive war der Kollaps der Finanzwelt abzusehen, ja sogar zu erwarten, auch deshalb, weil mit der dabei exponentiell gestiegenen Optionsflut kein entsprechendes Wachstum der Verarbeitungspotenziale des menschlichen Gehirns einherging. Dass sich die Schere zwischen der menschlichen Zeitnatur und der Geschwindigkeit der Finanztransaktionen immer weiter öffnet, belegen auch drei beliebig herausgegriffene Zeitungsnotizen:

① Stolz gab die Züricher Börse bekannt, sie hätte die Zahl ihrer Finanztransaktionen von 45 (1996) auf 3.000 (2008) pro Sekunde erhöht.

① Ein Börsenmakler berichtet in einem Gespräch mit einem Journalisten, dass er während seiner anstrengenden Tätigkeit mit 75 Kunden gleichzeitig online sei und dabei noch pausenlos telefoniere.

① Ein rundum globalisierter Schnäppchenjäger lässt uns wissen, dass er mit seinem Laptop ins Bett gehe und sich – wie das manchen Vogelarten im Flug gelingt – bemühe, mit nur einem geschlossenen Auge zu schlafen.

Feindliche Übernahme

Das Auffällige und zugleich Problematische an diesen Beispielen ist nicht das die menschlichen Zeitmaße weit überschreitende Tempo, es ist vielmehr dessen Selbstverständlichkeit. Sie strahlt als Normalitätserwartung auf die übrige Lebenswelt aus. Und in der Tat: Längst hat die Hochgeschwindigkeitsökonomie mit der Aggressivität einer aus dem Wirtschaftsleben bekannten »feindlichen Übernahme« die Zeiten des Alltags, speziell die des urbanen Raumes, okkupiert. Einige Indizien für diese These: Fastfood, Kurzstatements, Briefings, die Beschleunigung der Sprechgeschwindigkeit, Speeddating, Internetkontaktbörsen, Espressosekündchen statt Kaffeestündchen, Powernap statt Mittagsschlaf, Geschäftigkeit statt Tätigkeit. Leider ist es kein Scherz, sondern bittere Realität, dass in den Untergrundbahnhöfen Hongkongs Hinweisschilder zu finden sind, die den Fahrgästen das Warten und Herumstehen untersagen. In London – auch eine große Finanzmetropole – verlangen die Geschäftsleute der Innenstadt von den städtischen Ordnungskräften, die sich zu langsam Fortbewegenden mit Bußgeldern zu bestrafen, und beantragten bei der Stadtverwaltung bereits die Einrichtung separater Fußwege für Eilige. Die Langsamen, so begründen sie ihre Initiative, »störten die Harmonie«. Welche Harmonie, muss man fragen. Es kann sich nur um die »Harmonie« des schnellen Geldes handeln.

All dies sind Beispiele für die Tatsache, dass sich das »Zeit ist Geld«-Prinzip längst über den ökonomischen Bereich hinaus ausgebreitet hat. Seine ungezügelte, ungebremste Beschleunigungsdynamik kennt in ihrem Kolonialisierungshunger weder räumliche noch zeitliche Grenzen und Maße. Auch die Individuen und deren Beziehungen bekommen diese Form des »Maßlosen« und der »Verökonomisierung« zu spüren: Subjekte werden zu Kunden und das, was sie mit anderen Subjekten tun und anfangen, erhält den Charakter von Kundenbeziehungen. Dem kalkulatorischen Geist des »Zeit ist Geld«-Prinzips verpflichtet, werden in Schulen und Universitäten Lehr- und Studiengänge konzipiert und »durchgezogen«, die den Verdacht nahelegen, dass sie von den Fahrplanverantwortlichen der Deutschen Bahn AG entwickelt worden sind. Verspätungen werden weder im Zug- noch im »Lernverkehr« geduldet, alle Zeiten des Dazwischen, des Übergangs, des Verarbeitens, des Verabschiedens, des Ankommens, der Besinnung sind auf ein Minimum reduziert, wenn sie nicht gleich ganz eliminiert wurden. Auch im Bildungsbereich hat man Chronos zu einem getreuen Angestellten Mammons gemacht. Mehr und mehr, bereits Eichendorff beklagte es, wird das Leben zu einer »immerwährenden Geschäftsreise von Buttermarkt zu Käsemarkt«.

Die Sonntage des Lebens

Traditionelle Gesellschaften haben aus guten Gründen Zwischenräume und Zwischenzeiten gepflegt und geachtet. Sie haben sie der Natur abgeschaut, sie folgten natürlichen Zeitvorgaben, arrangierten und institutionalisierten aber auch selbst Zeiten des Dazwischen. Die bekannteste und erfolgreichste von Menschen institutionalisierte »Zwischenzeit« ist jener besondere Tag, der die Woche erst zur Woche macht: Für Christen ist es der Sonntag, für Juden der Samstag, für Muslime der Freitag. Alle sieben Tage eine Zwischenzeit, ein Tag, an dem sogar – glaubt man der Bibel – Gott ruhte und dabei nachsah, ob das, was er in den sechs Werktagen zuvor getan hatte, auch gelungen war. Die Finanzjongleure unserer Tage, geblendet von schnellem Geld und hohen Boni, glaubten sich den Blick auf das, was sie an ihren Arbeitstagen so alles in Gang gesetzt hatten, sparen zu können. Dafür nahmen sie sich keine Zeit, weil sie glaubten, keine zu haben. Dass das nicht gut ausgegangen ist, wissen wir. Aber hält uns das wirklich davon ab, in Zukunft nicht mehr die kleinen und großen Sonntage, die Zeiten des Dazwischen, dem ominösen Versprechen auf mehr Wirtschaftswachstum zu opfern?

Sozialer Zusammenhalt, aber auch gesellschaftliche und individuelle Stabilität sind ohne jene zeitlichen Elastizitäten, die von den Zeiten des »Dazwischen« ermöglicht und abgesichert werden, nicht herstellbar. Sie sind es, die das Geschehen, die Dinge, die Abläufe, besonders aber das Unbekannte und Unheimliche auf Abstand bringen. Das, was wir im Arbeitsleben und zunehmend auch im Privatleben ignorieren und missachten, schätzen wir in der Musik. Ohne Zwischenzeiten, ohne Intervalle wäre die Musik eine einzige Belästigung. Es sind die hörbaren Leerstellen, die den Tönen ihren Wohlklang verleihen. Architekten und Immobilienhändler nennen ihr Dazwischen »Passagen«, Bauingenieure und Heimwerker sprechen von »Dehnungsfugen«, wenn sie sich um stabile Verhältnisse bemühen, während Handsatzdrucker in überraschender Gemeinsamkeit mit Chirurgen vom »Spatium« reden. Die hier als Beispiel genannten Zwischenräume und Zwischenzeiten sorgen jedoch nicht ausschließlich für *Abstand*, sie schaffen (und das ist ihre ebenso wichtige zweite Funktion) auch *Anschlüsse* an eben das, was sie auf Abstand bringen. Ohne Intervalle wäre die Musik nur Lärm, ohne Dehnungsfuge weder ein Haus bewohn- noch eine Brücke befahrbar, ohne Spatium könnte das Geschriebene niemand lesen und ohne Mozarts 23 Zeitvarianten, die er im musikalischen Zwischenreich von langsam bis schnell angesiedelt hat, wäre die Welt erheblich eintöniger.

Die Pausen, die Intervalle, die Aus- und Halbzeiten sind es, die Subjekte wie auch Gemeinschaften von einem zum anderen geleiten und begleiten: von dem, was war, zu dem, was kommt – vom Hier zum Dort. Und sie sind es, die uns an der Hoffnung festhalten lassen, dass es eventuell nicht so bleibt, wie es ist. Sie machen die Menschen fähig, zwischen Vergangenem und Zukünftigem, Diesseits und Jenseits, Altem und Neuem unterscheiden zu können. Zwischenzeiten gliedern die Zeit, organisieren Zeiterfahrungen, konturieren Unterschiede, anders gesagt: sie sorgen für den Rhythmus im Leben. Ja, selbst dort, wo das »Dazwischen« keinen vordergründigen Nutzen hat, ist es nicht sinnlos. Fernando Pessoa verteidigt seine Nutzlosigkeit: »Das Nutzlose und das Belanglose eröffnen in unserem wirklichen Leben Zwischenräume einer demütigen Statik [...] Beklagenswert derjenige, der die Wichtigkeit solcher Dinge nicht kennt.«

Alles Lebendige ist rhythmisch organisiert, hat daher eine fließende Ordnung und eine sich entwickelnde, sich wandelnde Struktur. Rhythmen erneuern und verleihen dem Leben damit Lebendigkeit. In Goethes Worten: »Alle organische Bewegung manifestiert sich in Diastole und Systole.« Jeder Anspannung folgt die Entspannung, jeder Aktion das Loslassen, jeder Anstrengung die Pause. Grundmuster jeden Rhythmus ist die zeitlich geordnete, integrierte Dualität von Aktivität und Passivität.

»Unser Land«, so klagt Frederico Fellini in den Entwürfen seines Films *Orchesterprobe*, »ist arm an Rhythmus«. Überreich hingegen ist es an Takt, an eng, sehr eng getakteter Zeitorganisation und an verdichteten, entrhythmisierenden Zeitstrukturen und Zeitvorgaben. Die verdichteten Taktfolgen der vielen Multifunktionsgeräte, die uns heute umgeben und die wir – wie Kinder ihre Puppen – überallhin mitnehmen, lassen kein Verweilen, kein Beginnen und auch kein Abschließen mehr zu. Ein Knopfdruck provoziert den nächsten, jedem Befehl folgt die prompte Reaktion. Stundenlang sitzt man vor dem Bildschirm, verliert sich und die Zeit, wird so gleichgültig wie die Landschaft hinter dem Fenster eines dahinrasenden Hochgeschwindigkeitszuges. Das enorme Prozesstempo der uns umgebenden elektronischen Zaubergeräte trennt uns vom Puls unserer eigenen Natur und lässt uns die Rhythmen der äußeren vergessen. Keine Lücken mehr, keine Zeit für Nachdenklichkeit, für kontemplative Beschaulichkeit, für Zweifel und auch keine mehr für skeptische Fragen nach dem »Warum« und »Wohin«. Das pausenlose Immerweitermachen braucht sich nicht mehr zu rechtfertigen. Es legitimiert sich durch den Sachverhalt, in Marsch gesetzt worden zu sein und seitdem ohne Pause zu funktionieren.

Wider die Beschleunigung der Beschleunigung

Bereits Goethe sprach von »veloziferischen« Entwicklungen. Diese Begriffsschöpfung aus der Wortverbindung von *velocitas* (Eile, Hetze) und *Luzifer* (der teuflische »Lichtbringer«) verrät seine modernisierungskritische Einstellung gegenüber dem technologischen Fortschritt. Er sprach vom »veloziferischen Maschinenwesen«, das er für das Unglück einer Zeit hielt, die »nichts reif werden lässt, wo man schon im nächsten Augenblick den vorhergehenden verspeist«. Seine Kritik richtete sich dabei nicht in erster Linie auf das zu Goethes Lebzeiten noch relativ junge Phänomen der technisch-organisatorischen Beschleunigung, sie zielte vielmehr auf die bereits abzusehende Maßlosigkeit einer Beschleunigung, die zum Selbstzweck wird. Als einer der Ersten hatte der Verfasser des *Faust* erkannt, dass es nicht primär die Beschleunigung ist, sondern die *Beschleunigung der Beschleunigung*, die der Zivilisation und der Kultur Schaden zuzufügen droht.

Zur Gegenspielerin der Beschleunigungsdrift erklärte Goethe die Poesie, sie war seine Hoffnung. Doch nicht erst seit heute wissen wir, dass das ein schöner Traum war, von dem man sich wünschte, dass er zumindest als Traum heute noch existierte. Domestiziert und zivilisiert werden kann die maß- und grenzenlose »Zeit-ist-Geld«-Dynamik des Kapitalismus, die diesem so wenig vorzuwerfen ist wie dem Jagdhund der Jagdinstinkt, nur durch die Gestaltungsmacht der Politik. Diese aber wird nur dann zu Erfolgen kommen, wenn sie sich als Zeitpolitik versteht und entsprechend profiliert. Wenn sie unter anderem den Schutz beziehungsweise die Einrichtung von Räumen und Zeiten betreibt, die den Beschleunigungs-, Verdichtungs- und Verwertungsimperativen der Ökonomie entzogen sind und die dem rhythmisierten Leben Entfaltungschancen geben. Voraussetzung dafür wiederum ist, dass die Politik sich ihre Ziele und ihre Entscheidungshorizonte nicht von der Kurzatmigkeit der Ökonomie und der Medien aufzwingen lässt. Denn im Gegensatz zum Konkurrenzkapitalismus, der von der schnellen Reaktion lebt, benötigt seine Zivilisierung einen langen Atem. Der politischen Eindeichung bedarf der Kapitalismus auch deshalb, weil seine »Zeit ist Geld«-Logik all jene Personen »bestraft« und benachteiligt, die sich Zeit lassen, die mit ihren Mitmenschen, der Natur und sich selbst fürsorglich, achtsam und liebevoll umgehen und die Liebe und Freundschaft schnellem Geld und hohem Tempo vorziehen.

Auch eine lebendige Demokratie kann sich nur entwickeln, wo die raum-zeitlichen Bedingungen des Alltagshandelns die sorgfältige Urteils- und Entscheidungsfindung, das Abwägen von Für und Wider, einen nichtstrategischen, offenen Meinungsaustausch mit Dialogen und Diskursen zulassen. Bildung, Liebe, Freundschaft, Genuss, Kunst und Kultur entfalten sich nicht, wie das für alle menschlichen Potenziale und Kompetenzen gilt, auf den superschnellen Highways des Kapitaltransfers. Sie gedeihen und reifen nur auf kurvigen, holprigen und zuweilen auch staubigen Wegen und Umwegen des Experimentierens, des Suchens und Ausprobierens. Unserem Land und seinen Einwohnern mangelt es ganz und gar nicht an Schnellstraßen, ganz Deutschland liegt an der Autobahn; es fehlt auch nicht an Trubel und Ablenkung und den meisten fehlt es nicht einmal an Geld. Doch besteht ein allseitig spürbares Defizit an Geduld, Besinnung, Beschaulichkeit, an Orten und Zeiten der Ruhe, des Nachdenkens und der Kontemplation. Kein gehetzter, getriebener Mensch ist dazu fähig, einen freien Willen zu entwickeln. Er kann keine echten, tiefer gehenden Beziehungen aufbauen und bringt auch nichts Dauerhaftes zustande. Auch dies lehrt uns die Finanzkrise.

Versöhnte Verschiedenheit

Geht's um Zeit, dann geht's ums Leben. Wie wir die Zeit leben, so leben wir unser Leben. Wenn wir heute davon sprechen, »die Zeit rase«, dann leben wir heute schneller denn je. Je schneller wir jedoch leben, umso mehr rennen wir hinter der Zeit (sprich: hinter dem Leben) her. Und da wir dieses Spiel immer weiter, immer hektischer betreiben, drängt sich die Frage auf: Ticken wir eigentlich noch richtig? Und bevor wir noch ein wenig schneller werden, um eilig nach einer Antwort zu suchen, empfiehlt sich eine Besinnungspause, in der wir nachdenken, ob es uns nicht besser ginge, wenn wir das Tempo nicht immer noch mehr verschärfen, sondern das Zeitleben bunter, vielfältiger und abwechslungsreicher machen würden.

Denn es sind nicht alle Zeiten gleich. »Im Sommer«, so Walter Benjamins anschaulicher Kommentar zu dieser Trivialität, »fallen die dicken Leute auf, im Winter die dünnen«. Doch nicht nur die Jahreszeiten sind verschieden, die Zeit ist es generell. Es gibt sie nur im Plural. Wir kennen die Schnelligkeit, die uns zu vielen Errungenschaften verholfen hat, wir kennen die nicht minder produktive Langsamkeit, die Aktivität, das Ruhen, die Veränderung, die Stabilität und viele andere Zeitqualitäten mehr. Alles hat nicht nur seine Zeit, sondern auch seine Zeit*en*. Die Dinge, die Abläufe, die unterschiedlichen Systeme, sie alle haben ihre je eigenen Zeitqualitäten. Eine Barocktreppe hat und provoziert bei denjenigen, die sie betreten, eine andere Zeit als eine Rolltreppe. Wir reden, wenn wir schnell miteinander gehen, anders und auch über etwas anderes als dann, wenn wir am Strand entlangschlendern. Jede Straße, jeder Stadtbezirk, jede Gesellschaft, jede Firma signalisiert und offeriert ihre je eigene zeitliche Bewegungsanweisung, auf die hin die Subjekte durch ein je spezifisches Verhalten reagieren.

Die Psychologie spricht in diesem Zusammenhang von »Affordanz«, ein Terminus, der den Aufforderungscharakter der Umwelt mit Blick auf eine bestimmte Form des Handelns und Verhaltens benennt. Die Gegenstände, die Dinge, die soziale Mitwelt, die Umgebungsatmosphäre sagen, was man tun soll. Sie senden Aufforderungsimpulse im Hinblick auf ein bestimmtes Zeitverhalten aus. Ein Sessel oder eine Sitzbank fordern zum Niederlassen, zum Pausieren auf, eine Espressobar, ein Stehtisch hingegen zum schnellen Verzehr. Das wird viel zu selten von denjenigen ins Kalkül gezogen, die – wie Kommunalpolitiker, Stadtplaner, Architekten – darüber entscheiden, inwieweit die urbane Lebenswelt den Bürgern ein buntes, vielfältiges Zeithandeln ermöglicht, es fördert oder behindert. Die Wissenschaft hat mittels Beobachtungen und Experimenten mehrfach bewiesen, dass die menschliche Aktivität, speziell auch die im Straßenverkehr, von der räumlichen Ausstrahlung, der architektonischen Umgebung und den Wirkmächten von Straßenführung und Straßenbreite beeinflusst und bestimmt wird. Breite Straßen fordern zum Gasgeben auf, krumme Wege, enge Kurven hingegen zum Verlangsamen. Doch nicht nur Autofahrer, auch Fußgänger reagieren entsprechend.

Ganz ähnlich auch die Geschwindigkeiten beim Denken. Das Rationale dient vielfach der Beschleunigung, der Zeitkontrolle und der Zeitverdichtung. Das Gefühlvolle, das Emotionale, aber auch das Soziale tendieren zu Verzögerungen, zu Abschweifungen, zu Umwegen. Gebraucht wird beides, möglich muss beides sein: Schnelligkeit *und* Langsamkeit. Eines der schönsten und überzeugendsten Beispiele dafür liefert uns Charles Dickens in seinem Roman *Die Pickwicker*. Er gibt darin höchst präzise Verhaltensregeln zum Einfangen verloren gegangener Kopfbedeckungen:

> *»Es gehört keine geringe Kaltblütigkeit und ein besonderer Grad von Beurteilungskraft dazu, einen fortrollenden Hut wieder einzufangen. Man darf nicht zu sehr eilen, sonst stürmt man über ihn hinaus; man darf nicht zu langsam sein, sonst verliert man ihn. Die beste Art, ihn einzufangen, ist, möglichst in gleicher Linie mit dem verfolgten Gegenstand zu bleiben, behutsam und vorsichtig zu sein, die Gelegenheit hübsch abzuwarten, ihm allmählich vorzukom-*

men, dann plötzlich die Hand auszustrecken, ihn bei der
Krempe zu ergreifen und fest auf den Kopf zu drücken.
Dabei empfiehlt es sich, fortwährend zu lächeln, als hielte
man alles für einen ebenso guten Spaß wie jeder andere.«

Die Moral von der Geschichte: Um gut behütet durchs Leben
zu kommen, muss man sowohl langsam als auch schnell sein
können. Die immer nur Schnellen, die stets Gehetzten und an-
dauernd Hastigen erhaschen nicht den Hut, sie greifen nur in
die Luft. Das Gleiche widerfährt auch denjenigen, die sich
allem und jedem nur langsam nähern. Auch sie bekommen im
Leben wenig zu fassen, greifen häufig ins Leere. Die Schnelligkeit braucht Langsamkeit, wenn sie denn sinnvoll und erfolgreich sein soll – und ebenso braucht Langsamkeit auch die
Möglichkeit zur Schnelligkeit. Und darüber hinaus benötigen
wir langsame Schnelligkeit und schnelle Langsamkeit. Nur zusammen sind Langsamkeit und Schnelligkeit produktiv und
schöpferisch, so wie es sinnlos wäre, etwas anzufangen, wenn
es kein Ende gäbe. Es existiert nun mal kein Schluss, dem nicht
ein Beginn vorausgehen würde. Gäbe es keine Staus, keinen
Stillstand im Straßenverkehr (in Erinnerung an das, was wir
vermissen, sprechen wir gerne von Rushhour) würden wir uns
nicht freuen, uns danach wieder rasch fortbewegen zu können;
würde der Zug, mit dem wir zu fahren beabsichtigen, niemals
halten, würden wir nicht einsteigen. Wer große Fische angeln,
den vom Kopf gewehten Hut wieder einfangen, einen guten
Einfall haben oder den Paukenschlag an der richtigen Stelle

platzieren will, muss dazu fähig sein, eine Zeit lang nichts zu tun, um im nächsten Moment rasch zuzugreifen. Anhaltende Geschäftigkeit, fortdauerndes Aktivsein, beständige Schnelligkeit würden alles verderben. Selbst die schnellste Uhr braucht eine Hemmung.

Geht es um Zeitqualitäten, ist jedes schematische »Entweder-oder« unangebracht, unfruchtbar, ja unsinnig. Die unterschiedlichen Zeitqualitäten sind im fruchtbaren Sinne miteinander verwoben. Sie entfalten dort ihre höchstmögliche Produktivität, wo sie, mit einem Ausdruck von Karl Rahner, in »versöhnter Verschiedenheit« existieren und wirksam werden. Nur so können sich die Menschen mit der Zeit, dem Zeitlichen und ihrem Zeitempfinden versöhnen und versöhnt miteinander leben. Eine Vorstellung dessen, wie so etwas aussehen könnte, liefert Goethe in seiner *Farbenlehre*: »Mit leisem Gewicht und Gegengewicht wägt sich die Natur hin und her und so entsteht ein Hüben und Drüben, ein Oben und Unten, ein Zuvor und Hernach, wodurch alle Erscheinungen bedingt werden, die uns in Raum und Zeit entgegentreten.« Endlose Langsamkeit ist für die, die auch schnell sein können, langweilig und hinderlich. Doch auch die, die immer nur schnell sind, verpassen viel, laufen an Wichtigem vorbei und gefährden darüber hinaus Leib und Leben.

Versöhnte Widersprüche sind keine glattgebügelten Widersprüche, sondern schöpferische Widersprüche. Das zeitsatte, zeitvolle und zeiterfüllte Leben braucht beides, den Widerspruch und den Ausgleich der Gegensätze von Beschleunigung *und* Stillstand, von Kurzfristigkeit *und* Langfristigkeit, von Mobilität *und* Sesshaftigkeit. Das war auch die Botschaft, die der Walzerkönig Johann Strauß seinen Musikern zu vermitteln versuchte, als er in einer seiner Partituren vermerkte: »Der Schwung hat aus einer ruhigen Bewegung zu kommen.« An dieser »Vielzeitigkeit« mangelt es uns jedoch heutzutage. Es sieht mit unserer Zeitkultur nicht viel anders aus als mit unserer Natur. Die Vielfalt steht hier wie dort unter Druck. Im Hinblick auf die Natur gibt es inzwischen weltweit Initiativen zum Schutz und zum Erhalt der bedrohten Artenvielfalt. Was die nicht minder unter Druck geratene Zeitvielfalt betrifft, so fehlen entsprechende Initiativen und Bemühungen.

Die Musik, die ja nichts anderes als vertonte Zeit ist, könnte uns dabei zum Vorbild dienen. Noch im 18. Jahrhundert – die Musiker reisten mit der Postkutsche zu ihren Konzerten – sprach man vom *Tempo giusto*, dem rechten, der Musik jeweils angemessenen Tempo. Hundert Jahre später – inzwischen bestimmte die Eisenbahn die Geschwindigkeit – hatte »Tempo« seinen Bedeutungsgehalt verändert. Jetzt bezeichnete »Tempo« nicht mehr die Angemessenheit der Bewegung, sondern deren Beschleunigung. Mozart noch kannte und arbeitete mit 23 verschiedenen Tempi, allesamt angesiedelt zwischen den Polen »langsam« und »schnell.« Wer möchte behaupten, dass diese Vielfalt an Zeitqualitäten seiner Musik abträglich sei. Man entdeckt bei Mozart unter anderem: *Andantino* (ein wenig gehend), *Andantino sostenuto* (ein wenig zurückhaltend gehend), *Andantino grazioso* (lieblich gehend), das *Andante* (vorwärts gehend, nicht zu langsam), *Andante maestoso* (majestätisch gehend), *Andante agitato* (erregt gehend), *Allegretto vivo* (etwas schnell und lebhaft) und *Allegro comodo* (bequem, aber schnell), *Allegro* (lustig, heiter) und *Presto con fuoco* (sehr schnell und feurig). Mozarts Melodien machen das Innehalten so attraktiv wie die Schnelligkeit, das Abbremsen so schön wie die Beschleunigung. Die zeitlichen Abstufungen, die bunten Variationen zwischen Zögerlichem und hohem Tempo sind es, die seiner Musik ihre außergewöhnliche Schönheit und Anziehungskraft verleihen. Dort wo Mozart mit widersprüchlichen Tempi arbeitet, versöhnt er ihre Unterschiedlichkeit zu beispiellosem Wohlklang. So im letzten Satz seines Flötenquartetts in A-Dur (KV 298) mit dem heiter-ironischen Hinweis: *Allegretto grazioso, ma non troppo presto, pero non troppo adagio ...* (etwas schnell und lieblich, aber nicht allzu schnell, jedoch auch nicht allzu langsam). Die mannigfaltigen Abstufungen zwischen langsam und schnell sind es, die für unterschiedlichste Stimmungen, Gefühle und Zeitempfindungen sorgen. Niemand hat die Zeitverhältnisse so zum Tanzen gebracht wie Mozart.

Der Mensch lebt und er durchlebt viele Zeiten, viele verschiedene Zeiten, und er lebt sie in ganz unterschiedlicher Art und Weise. Für den einen ist Warten die Hölle, für den anderen ist es das Vorgärtchen des Himmels, der eine liebt die Schnelligkeit, der andere fürchtet sie, dem einen erscheinen die Zeiten im Augenblick rosarot koloriert, dem anderen hingegen kommen die gleichen grau-schwarz meliert vor. Die Zeiten sind nun mal verschieden, zuweilen zeigen sie sich widerspenstig wie ein lästiger Haarwirbel am frühen Morgen, ein andermal wie ein Stein, der einem im Wege liegt und zum Stolpern bringt, dann wieder wie ein gemütlicher Sessel, der zu einem erholsamen Nickerchen einlädt. An einem Tag gleicht die Zeit einer Rennbahn, am anderen einer verlockenden Blumenwiese, mal gleicht sie einem kitschigen Sonnenuntergang am Meeresstrand, mal einem heraufziehenden Gewittersturm, mal zeigt sie sich als brutaler Tyrann, ein andermal als die hübscheste aller Traumfrauen. Das Schöne an der Zeit ist, dass sie immer zu vielen auftaucht. Sie existiert nur im Plural.

Verstaubte Zeiten auf dem Dachboden des Lebens

Um (wieder) reich an Zeitformen zu werden, eine blühende Zeitkultur anzustreben und zu entwickeln, bleibt es niemandem erspart, mal wieder die steile Treppe zum Dachboden seines Lebens hinaufzuklettern, um den Staub von den dort abgelegten Zeitqualitäten zu fegen. Doch nicht, um sie dann, wie man es gerne mit abgelegten Kleidern und Möbeln tut, auf diversen Flohmärkten an irgendwelche Zeitnostalgiker zu verhökern, sondern um sie zur Bereicherung des aktuellen Zeitlebens in den Alltag zurückzuholen und dort mit Leben zu füllen.

Und was man nicht alles auf dem Dachboden findet! Unter einer mehr oder weniger dicken Staubschicht entdeckt man die »abgebremsten« Zeitqualitäten, die dem rasenden Zeitgeist der Beschleunigung auf dessen Erfolgsspur in die Quere kamen, die ihn abzubremsen versuchten und dann von ihm selbst »ausgebremst« wurden. Man stößt dort auf:

- ☾ die Langsamkeit,
- ☾ die Wiederholung,
- ☾ das Warten,
- ☾ die Pause.

Allesamt handelt es sich um Zeitqualitäten, die, um ein rascheres Vorankommen zu ermöglichen, bis auf einige ungeliebte Restbestände aus dem Weg geräumt wurden. Dass es dabei nicht allzu überlegt zuging und allzu oft Kurzsichtigkeit im Spiel war, beweisen unter anderem die lauter und lauter werdenden Klagen über die Zunahme von Stress, wachsende Orientierungslosigkeit und immer mehr Langeweile. Selbst unter Ökonomen, denen es ja nie schnell genug gehen kann, mehren sich die warnenden Stimmen, das Tempo nicht zu übertreiben und dem Trend zur Beschleunigung um der Beschleunigung willen Einhalt zu gebieten. Das bis heute noch nicht überwundene Desaster einer vom Geschwindigkeitsrausch aus der Bahn geworfenen Finanzwirtschaft hat die inzwischen etwas kleinlauteren Vertreter der Geldwirtschaft gezwungen, sich der tiefen Wahrheit der bewährten Kaufmannsregel zu erinnern: »Wer der Zeit nicht tut ihr Recht, der fährt in Geschäften schlecht.« Und manch einem mag beim Blick auf das angerichtete Fiasko auch die Mahnung Goethes ins Gedächtnis gekommen sein: »Unbedingte Tätigkeit, von welcher Art sie sei, macht zuletzt bankrott.«

Die Alternative zum Hochgeschwindigkeitsbetrieb kann nicht in einem Programm zur »Entschleunigung« bestehen. Die Lehre, die der Tempokollaps an den Finanzmärkten den Ökonomen (doch nicht nur diesen) aufdrängt, lautet: »Enthetzt euch!«. Sie heißt jedoch nicht: »Entschleunigt euch!«. Es geht nämlich nicht um die Drosselung jeglichen Tempos, es geht nur um die Reduktion der überflüssigen, der zerstörerischen, gefährlichen und maßlosen Beschleunigung.

Beispiel dafür ist die auch wirtschaftlich erfolgreiche Slow-Food-Bewegung. Deren Programm zielt bekanntlich nicht auf die Verlangsamung all dessen, was mit Essen und Kochen zu tun hat. Das wäre auch töricht, zumal es in mehrfacher Hinsicht, unter anderem in geschmacklicher, erheblich mehr Nach- als Vorteile hätte. Ein frisch gefangener Fisch muss nun mal, soll er auch frisch schmecken, möglichst rasch auf den Tisch; und man ist gut beraten, sich in diesem Fall an die italienische Hausfrauenweisheit zu halten, dass der Fisch 24 gute Eigenschaften hat und stündlich eine verliert.

Alles braucht *seine* Zeit, nicht nur in der Küche. Nicht alles muss schneller, und nicht alles muss langsamer werden. Es geht zuallererst um Kultivierung möglichst vieler unterschiedlicher Zeitformen und dabei auch um die Rekultivierung abgebremster Zeitqualitäten. Die kann nicht durch die Errichtung von »Zeitschutzparks« gelingen, als einer fantasielosen Imitation von Naturschutzparks. Zweifelsohne geht es, wenn's um »Zeit« geht, immer auch um Naturschutz, doch in erster Linie um Selbstschutz. Denn das, was wir der Zeit antun, tun wir uns selbst an.

Wir sollten daher unsere Aufmerksamkeit für die geschundenen Zeitqualitäten schulen, insbesondere für jene Zeiten, die unverzichtbar sind, »damit der Mensch sich selber nicht versäume« (Schiller).

All das würde falsch verstanden, wenn man es als einen Appell zur Umkehr lesen würde. Auch handelt es sich bei dem hier Formulierten um kein herausgeputztes Angebot zur Rückkehr in einen Zeitalltag, wie er sich vor der Abzweigung zur Schnellstraße des Fortschritts darstellte. In die Geschichte zurück kann man nur auf der Leinwand reisen. Das wirkliche Leben nimmt keine Buchungen für irgendwelche Zeitreisen entgegen. Wenn heute auch alle irgendwie zurück zur Natur wollen, dann doch kaum jemand zu Fuß, noch weniger ohne Mobiltelefon und niemand ohne gültigen Rückfahrschein.

Aber es lohnt, darüber nachzudenken, *wie schnell* wir unser Leben leben wollen, was uns letztlich wirklich wichtig ist und was uns gut tut. Haben wir den Mut und stellen die entscheidende Frage, die sich der modernisierte Mensch bisher nicht zu stellen wagte: Wie viel Tempo ist genug? – Stopp: Jetzt keine schnellen Antworten! Wirklich gute Antworten sind nämlich nur langsam zu bekommen. Beginnen wir daher mit einigen Überlegungen zur Langsamkeit.

5 »Jetzt aber mal langsam!« – die Langsamkeit

»Du bist sehr eilig, meiner Treu!
Du suchst die Tür und läufst vorbei.«
(Johann Wolfgang von Goethe)

Es ist gerade mal 200 Jahre her, dass der große französische Staatsmann Talleyrand einen Verhandlungspartner, der es etwas eilig hatte, durch den Hinweis ausbremste: »Hast und Unruhe kennen wir nicht [...], denn es ist albern.« Hätte er, ein ungewöhnlich langes Leben unterstellt, heute in der Politik noch etwas zu sagen, dann sähe Talleyrand sich gezwungen, unentwegt sich solche Albernheiten zu verbitten, und müsste dabei ziemlich laut werden, um überhaupt die Chance zu haben, Gehör zu finden. Doch auf Resonanz würde er nicht treffen. Schlimmer noch: Man würde Talleyrand seinerseits für »albern« halten. Heutzutage nämlich feiert die Politik jede Form der Schnelligkeit, sie prämiert die Fixen und die Raschen und belohnt die »Überflieger«. Wo immer möglich, forciert sie die Beschleunigung und die Zeitverdichtung, verabschiedet dahingehend eine Fördermaßnahme nach der anderen und schafft damit gesellschaftliche Rahmenbedingungen, die dem Alltag noch mehr Tempo geben. Wo »Wachstumsbeschleunigungsgesetze« als Meilensteine des Fortschritts verklärt werden, sind diejenigen gezwungen, sich albern vorzukommen, die sich Zeit nehmen, Geduld haben und »Gründlichkeit vor Schnelligkeit« als Handlungsprinzip in Anspruch nehmen.

Ruhe und Geduld, Langsam- und Geruhsamkeit, solche Zeitformen kennen die Bürger der wohlhabenden Gesellschaften meist nur mehr als – ungestillte – Sehnsucht. Der Zeitgeist prämiert die Schnellen, die Flexiblen und die Mobilen, insbesondere diejenigen unter ihnen, die sich dem olympischen Geist des »Höher-schneller-weiter« verschrieben haben. Wie ein scheues Tier hat die Langsamkeit die Flucht ergriffen und sich ins Unterholz weitestgehend unzugänglicher Regionen verkrochen. Nur mehr selten – und dann auch nur mit viel Glück und Geduld – bekommt man sie zu Gesicht. Traut sie sich schließlich einmal aus ihrem Versteck, wird sie sogleich gnadenlos verfolgt. Der Artenschutz hat sie übersehen.

Vorbei die Zeiten, als Kinder, denen es nicht fix genug ging, von ihren Eltern die weise Mahnung auf ihren weiteren Lebensweg mitbekamen, die Eile mit der Weile zu kombinieren. Vergangen auch die Zeiten, zu denen Schnelligkeit, Eile und Hast den Ruf einer Dienstbotentugend hatten. Vorüber aber sind diese Zeiten nicht etwa, weil die Zahl der Dienstboten abgenommen hat, sondern weil die gesamte Bevölkerung inzwischen zu Rasern, Geschwindigkeitsübertretern und Hyperaktiven wurde. Die Eile, die Hast und das Gerenne sind heute demokratisiert. Alle sind heute zu Dienstboten geworden – Dienstboten einer immer größer werdenden Armada von Kleingeräten, die ihre Besitzer und Besitzerinnen durch den Alltag schubsen. Ihre Knöpfe, ihre Tasten und Schalter warten allzeit darauf, bedient zu werden, und geschieht es mal nicht, dann melden sie sich sogleich in ganz unterschiedlichen Tonlagen und verlangen, dass man sich umgehend um sie kümmere.

Ungeduld, Unruhe, nervöse Erregung und Gereiztheit steigen überall dort, wo nicht schnell genug informiert, zu langsam gegessen und zu wenig schnell verstanden wird. Reden Gesprächspartner zu langsam, drückt man aufs Tempo und vervollständigt die angefangenen Sätze rasch selbst. Langsamessern wirft man vorwurfsvolle Blicke zu und sie müssen damit rechnen, in immer kürzer werdenden Abständen von der Bedienung gefragt zu werden, ob es ihnen denn wirklich auch schmeckt. Andere wiederum klagen über ihre Kinder, die – statt ihr Lernpensum mit dem dazugehörigen Lerntempo zu absolvieren – ständig »rumtrödeln«. So oder so ähnlich zeigt sich der Alltag in einer Welt, die alles dransetzt, sich in ein Tempodrom zu verwandeln.

Enthetzen statt Entschleunigen

Damit keine Missverständnisse entstehen: Wichtig, weil über-
lebensnotwendig, ist es, dass wir schnell sein können. Nicht
wichtig und fürs Überleben schon gar nicht notwendig ist es,
dass wir *immer* und *überall* schnell sind. Schnell muss man nur
sein, wenn es der Anlass verlangt und wenn sich darüber hinaus
der Ort, die Zeit und die Richtung eignen. Gerät man in eine
Sackgasse, versucht man sich durch ein Nadelöhr zu zwängen,
hilft kein Tritt aufs Gaspedal. Selbst in der Heimat der Beschleunigung, im Bereich der Wirtschaft, lohnt sich die Schnelligkeit
nicht immer und überall.

Betrachten wir einen Hotelbetrieb. Da gibt es Geschäftsab-
läufe, die man aus Gründen der Optimierung möglichst schnell
abwickelt. Da gibt es aber auch Aktivitäten, die dann, wenn sie
beschleunigt werden, Kunden abschrecken, nochmals zu kommen. Hotelgäste wollen, nach ihrer Ankunft, ihren Zimmer-
schlüssel relativ schnell haben, am nächsten Morgen aber wollen
sie ihr Zimmer nicht unbedingt rasch wieder räumen. Auch hält
sich die Begeisterung in Grenzen, wenn im Hotelrestaurant die
Gänge des bestellten Menüs in Hochgeschwindigkeit serviert
werden. Ganz zu schweigen von den Gesten der Höflichkeit, deren kostengünstige Wegrationalisierung sich in den wenigsten
Fällen auszahlt.

Erheblich öfter, als im Wirtschaftsleben gemeinhin einge-
standen, führen Maßnahmen zur Beschleunigung zu Verlusten
von Zeit, Geld und Qualität. Ist das der Fall und wird bei den
entscheidenden Stellen registriert, dass man mal wieder vor-

schnell Gas gegeben hat, ändert man für einige Tage die Strategie und gibt die Parole aus: »Gründlichkeit und Sorgfalt gehen vor Schnelligkeit«. Bevor jedoch der gute Wille die Chance hat, zur guten Tat zu werden, ist die Erkenntnis meist wieder verblasst.

Jenen, die genauer hinsehen, wird nicht entgangen sein, dass der zeitliche und auch der finanzielle Aufwand steigen, um die mit der Beschleunigung wachsenden Gefahren abzuwehren, abzufedern und zu kompensieren. So wird beispielsweise zwecks Optimierung der Fahrsicherheit sowohl vom Gesetzgeber als auch von den Versicherungen verlangt, Kraftfahrzeuge mit Antiblockiersystemen, Airbags, situationssensiblen Bremssystemen, Seitenaufprallschutz und anderen aktiven und passiven Fahrsicherheitssystemen auszustatten. Mit steigender Geschwindigkeit wachsen die Risiken, mit Erhöhung der Schnelligkeit wächst die Gefahr schneller Fehler. Das hat Karl Kraus zur provokanten Frage veranlasst: »Was nützt Geschwindigkeit, wenn der Verstand unterwegs ausläuft?«.

Doch es wäre ein falscher Schluss, das bisher Gesagte ausschließlich als einen Appell zu allumfassender Verlangsamung zu verstehen. Das wäre naiv und darüber hinaus unsinnig. Stabilität, jeder Radfahrer weiß das, gewinnt man nicht allein durch Langsamkeit. Stabil wird ein System, wenn es sich überflüssiger und risikoreicher Schnelligkeit entledigt. Nicht »Entschleunigung« ist das Ziel, sondern »Enthetzen«. »Enthetzen« meint Verzicht auf überflüssiges Tempo. In anderen Worten: Es geht darum, allem Geschehen, allen Dingen, allen Aufgaben und allem Lebendigen eine jeweils angemessene Geschwindigkeit zu geben.

In annähernd allen Hochkulturen waren Geduld, Gelassenheit, Beharrlichkeit und auch Langsamkeit Zeichen der Würde, der Klugheit und der Selbstachtung. Die, die schneller als das Leben sein wollten (da stimmten die Weisen der Alten Welt überein), bekommen Probleme mit der Wirklichkeit und der Realitätseinsicht. Sophokles etwa warnte in seinem *König Ödipus* vor übereiltem Denken: »Wer schnell denkt, strauchelt leicht.« Schnelles Denken ist, wie auch das schnelle Glück, eine relativ junge »Erfindung«. Bewundert und prämiert wird es erst, seitdem die Zeit und mit ihr die Menschen sich auf der Flucht befinden.

Das große Rennen aber, das die Schnellen für das Leben halten, gewinnen nicht sie, das gewinnen die Langsamen, diejenigen nämlich, die zuletzt sterben. Das ahnt auch der gestresste Manager, der, während er sein Essen in Rekordtempo herunterschlingt, mit einem Auge auf die Uhr, mit dem anderen in den Wirtschaftsteil der Zeitung blickt. Die Angst vor dem Tempokollaps, dem Herzinfarkt und dem frühen Tod und auch das schlechte Gewissen gegenüber Frau und Kindern veranlassen ihn immer wieder zu Illusionen und unrealistischen Versprechen: In absehbarer Zeit, wenn es die Geschäfte erlauben, wird endlich einmal richtig Urlaub gemacht, dem süßen Nichtstun gefrönt, der schon lange ersehnte Weinberg gekauft. Die Geschäfte aber erlauben keine Pause, keine längere Unterbrechung und sie erlauben auch keine Langsamkeit. Im Geschäftsleben ist man immer mit Blaulicht unterwegs, die Langsamkeit hat dort keinen Platz. Und immer weniger auch im Alltag.

Geduld und Gelassenheit

Die Langsamen, die Herumstehenden, die Ausruhenden, die Bummler und die Trödelnden, sie alle stören die Ordnung, die herrschende Ordnung der Zeit. Für nicht »markttauglich« angesehen, müssen sie damit rechnen, als Fortschrittsverweigerer und Trittbrettfahrer diskriminiert zu werden. Längst hat das, was wir uns angewöhnt haben, »Fortschritt« zu nennen, vergessen lassen, dass es in erster Linie die Langsamen, die Bedächtigen, die Zögerlichen waren, die die Menschheit vor Krieg, Streit und Zerstörung bewahrt haben. Langsamkeit ist eine stark unterschätzte, positiv wirkende historische Kraft. Die katastrophalen Erfahrungen mit dem größten Beschleuniger der Geschichte, der ein tausendjähriges Reich in zwölf Jahren abgewickelt und dabei die Welt an den Rand des Untergangs gebracht hat, sollten Warnung genug sein, den Fortschritt nicht ausschließlich dort zu vermuten und zu suchen, wo aufs Gaspedal gedrückt wird.

Langsamkeit war stets eine Produktivkraft, eine häufig übersehene, missachtete und als unnütz verachtete. Sie ist es immer noch und wird es auch in Zukunft sein. Ohne Geduld, Beharrlichkeit, Langmut und Besonnenheit existierten keine Freiheiten des Denkens, Fragens und Handelns. Wirkliche Freiheit gedeiht nur auf dem fruchtbaren Boden des Zeithabens und des Zeitlassens. Nur langsam, so wurden wir von unseren Eltern belehrt, kommt man zu Sinnen. Den Schnellen vergeht Hören und Sehen. Sie riechen und fühlen wenig, sehen und erkennen vieles nicht, da sie die Dinge und die Geschehnisse, die um sie herum stattfinden, nicht an sich herankommen lassen, um sich ihnen nicht nähern zu müssen. Ihre Urteilsfähigkeit und ihr Erkenntnisvermögen bleiben – ohne »Geduld zur Sache« (Adorno) und ohne »Gelassenheit zu den Dingen« (Heidegger) – unterentwickelt.

Die Geheimnisse und die Schönheiten der Welt erschließen sich ausschließlich den Ausdauernden, den Beharrlichen und Standhaften; und die Genüsse nur denjenigen, die es langsam angehen lassen. Ein schneller Wein ist kein guter Wein, ein schnell gereifter Käse kein wohlschmeckender Käse und die, die nach einem guten Schinken Ausschau halten, sollten Wert darauf legen, dass bei dessen Reifung keine anderen Zutaten verwendet werden als Geduld, Zeit und Meersalz. Es ist nun mal kein Zufall, dass die Kultur des Essens und Trinkens hinter den Ruhe und Beschaulichkeit ausstrahlenden Klostermauern entstand. Die besten Weine, der Champagner sowie das beste Bier, doch auch die köstlichsten Käse wurden von Nonnen und Mönchen »erfunden«. Die Feineinstellung des Geschmacks, wie auch die des Auges, des Gehörs und des Verstandes, bedarf der Fähigkeit zur Langsamkeit, Beständigkeit, Behutsamkeit und Geduld.

Unendlich vieles geht beim raschen Reinschmecken verloren, bleibt beim kurzen Hinsehen und schnellen Hinhören verschlossen, so wie es keine sprachliche Abkürzung mit einem Gedicht aufnehmen kann. Ohne Ausdauer, ohne vorsichtige, langsame und zurückhaltende Annäherung entstehen weder Vertrauen noch gegenseitiges Verstehen, es entwickeln sich weder Freundschaft noch Genuss. Nicht alle Langsamen können genießen, aber nur die, die sich Zeit nehmen, haben die Chance dazu. Die vielen aufdringlichen Missionare und Prediger der »Schneller-ist-besser-Religion« irren. Besser, gesünder und auch attraktiver ist es, den Versprechen und Verführungen der Schnelligkeit nicht zu folgen. Das lehrt das Märchen vom Hasen und vom Igel und das lehrt das traurige Schicksal des sich zu Tode hetzenden Boten, der den Athenern die Nachricht vom Sieg in der Schlacht von Marathon überbrachte. Die Schnellen, so die Botschaft beider Geschichten, sind nicht schneller am Ziel, sondern rascher am Ende. »Langsam, aber sicher!« Es ist nun mal so: Diejenigen, die sich ihrem Ende langsam nähern, leben länger als die, die schnell dort sind. Wer zu schnell ist, den bestraft das Leben! Denn, so steht's nicht ohne Hintersinn auf zig Plakaten auf den Grünstreifen unserer Schnellstraßen: »Rasen ist der schnellste Weg, ins Gras zu beißen.«

Um lieben Menschen und schönen Dingen naherzukommen, braucht es Geduld und Gelassenheit, auf einem Schnellweg wird man sie nicht finden. Das ist nirgends feinfühliger beschrieben als in Saint-Exupérys liebenswerter Erzählung *Der kleine Prinz*: »Du musst sehr geduldig sein. Du setzt dich zuerst ein wenig abseits von mir ins Gras. Ich werde dich so verstohlen, so aus den Augenwinkeln anschauen, und du wirst nichts sagen. [...] Aber jeden Tag wirst du dich ein wenig näher setzen können.« Nicht nur Freundschaften und Liebe beginnen mit solch erwartungsvoller Unaufdringlichkeit, auch manch eine Abmachung und manch ein Geschäft kämen ohne eine zurückhaltende, zögernde Form der Annäherung niemals zustande.

Ganz zu schweigen von der Liebe: Geachtet werden die Schnellen, geliebt aber die Langsamen. Lieben kann man nur auf langsamen Wegen und geliebt werden allein die, die willens sind, die Schnellstraßen des Alltags zu verlassen. Kommt man in der Liebe nicht vom Weg ab, verirrt man sich nicht in blühenden Zeitlandschaften, bleibt man auf der Strecke. Liebe ist planlos, kein Navigationsgerät zeigt den Weg, keines gibt Bescheid, wenn man sein Ziel erreicht hat. Liebe – wie auch die Muße – gedeiht und erblüht nur dort, wo man, einem verspielten Kind gleich, sich ohne festes Ziel von Reizen, Anregungen, Gefühlen und Inspirationen treiben lässt und von ihnen getrieben wird. Liebe braucht Zeit, sie liebt die Zeit. Tempo benötigt sie nicht. Sie entfaltet sich nur jenseits der Hektik. Sie hasst die Eile.

Krieg ist schnell, Frieden ist langsam. Kein Frieden, keine Versöhnung, keine Friedfertigkeit ohne Langsamkeit. Laster sind schnell, Tugenden langsam. Das sollte den Menschen zu denken geben. »Wenn die Dinge«, so Milan Kundera in seinem Roman *Die Langsamkeit*, »zu schnell geschehen, kann man sich über nichts mehr gewiss sein, über gar nichts, nicht einmal über sich selbst.« Dürfen oder können wir nicht langsam sein, übersehen wir das Nahe und das Naheliegende. Der Atem der Dinge und der Atem derer, die einem nahestehen, sind nur zu spüren, wenn man sich ihnen Stück für Stück nähert, geduldig und zögernd. Dann erst entfaltet sich die Vielfalt der Wahrnehmung und haben Gründlichkeit, Gerechtigkeit und Verantwortungsbewusstsein eine Chance, sich zu entwickeln.

Eindrucksvoll demonstriert hat das der weltberühmte amerikanische Geiger Joshua Bell in einem gleichermaßen mutigen wie originellen Experiment. Gekleidet wie ein Straßenmusikant, begab sich Joshua Bell im Januar 2007 zur morgendlichen Rushhour in eine der stark frequentierten U-Bahn-Stationen Washingtons und begann dort auf seiner Stradivari Bachs Chaconne in d-Moll zu spielen. Unbeeindruckt von der Musik und offensichtlich taub für die herrlichen Klänge hasteten die ein- und aussteigenden Fahrgäste an diesem großartigen Hörerlebnis vorbei. Erst der 64. Passant bremste ab, hielt kurz inne, warf Bell ein paar Cent in den Geigenkasten und eilte umgehend weiter. Nach 43 Minuten – Bell hatte sein ungewöhnliches Konzert an dem ungewöhnlichen Ort beendet – waren 1.070 Passanten an ihm vorbeigehetzt. Nur einige wenige von ihnen hatten ihre Schritte verlangsamt und für einen Moment innegehalten. Am Ende der Vorstellung lagen gerade mal 32,17 Dollar im Geigenkasten.

Ein Experiment, das nachdenklich macht. Die Tür zum Paradies steht offen und fast alle rasen daran vorbei. Die Menschen eilen durch ihren Alltag, dass man glauben könnte, sie rennten um ihr Leben: hören nichts, sehen nichts, fühlen nichts. »Es ist die Ungeduld«, so Kafka in seinem Tagebuch, »die den Menschen aus dem Paradies vertrieb und ihn daraus immer weiter entfernt.«

Man kann schnell sein und man kann Kultur haben, aber nicht beides zugleich. Eile und Hetze machen taub, blind, hartherzig und unsozial. Das haben die Forscher John Darley und

Dan Batsonin von der Princeton-Universität in einem Experiment bewiesen. Studenten erhielten den Auftrag, in einem etwas entfernt liegenden Gebäude ein Referat über ein vorgegebenes Thema zu halten. Eine Gruppe der Studenten wurde gebeten, sich zu beeilen, da ihre Kommilitonen schon auf sie warteten. Der zweiten Studentengruppe hingegen sagte man, dass sie sich für den Weg ruhig Zeit lassen könne. Jeder der Versuchsteilnehmer passierte bei seinem Gang zum Vortragsgebäude einen Seitenweg. Dort krümmte sich, am Boden liegend, ein offensichtlich schwer verletzter Mann (der in Wahrheit ein Schauspieler war). Die Mehrheit der unter Zeitdruck stehenden Studenten stutzte, blickte kurz etwas irritiert zu dem Verletzten hin, änderte jedoch ihren Weg nicht und hastete, ohne Hilfe anzubieten, weiter. Die überwiegende Mehrzahl derer hingegen, denen gesagt wurde, sie hätten genügend Zeit, ging zu dem Verunglückten, kümmerte sich um ihn und bot ihre Hilfe an.

Ein Versuchsergebnis, das noch eindrücklicher ist, wenn man bedenkt, dass es sich bei den Teilnehmern um Theologiestudenten handelte, die über das Gleichnis vom barmherzigen Samariter zu referieren hatten. Eile macht die Menschen offenbar unbarmherzig, unsensibel, hart und rücksichtslos. Was sich links und rechts des Weges abspielt wird außer Acht gelassen, übersehen, ignoriert oder beiseite geschoben: Termintreue statt Mitmenschlichkeit, Zielstrebigkeit statt Humanität. Schnelligkeit macht das Leben, so Kafka, zu einer »fortwährenden Ablenkung, die nicht einmal zur Besinnung darüber kommen lässt, wovon sie ablenkt«.

Nur allzu gerne wird heute ignoriert, dass der Mensch von seiner Grundgeschwindigkeit her nur für verkehrsberuhigte Zonen eingerichtet ist. Die Natur, deren Teil er ist, hat ihn mit einer Höchstgeschwindigkeit von etwa 30 Stundenkilometern ausgestattet. Diese Tatsache kränkt ihn, er leidet darunter. Doch das tut er nicht schon immer. Erst seit etwa eineinhalb Jahrhunderten erlebt er seine – aus heutiger Sicht – relativ bescheidenen Beschleunigungspotenziale als Mangel. Seitdem ist er bemüht, aus dem *Homo sapiens* einen *Homo mobilis* zu machen. Er stieg vom Pferd herunter, wechselte auf die Schiene, setzte sich anschließend ans Steuer eines Automobils, bekam schließlich sogar Flügel und umrundet heute – zum elektronischen Impuls mutiert – den Erdball, wie das früher nur Engeln möglich war: mit der Geschwindigkeit eines Wimpernschlags. Von seiner Zeitnatur jedoch hat ihn all das nicht »befreit«. Tagtäglich macht er die Erfahrung, dass ihm das, was er an Geschwindigkeit gewinnt, an Verständnis und Sensibilität verloren geht und dass das allmähliche Verschwinden der Wirklichkeit mit dem wirklichen Verschwinden der Allmählichkeit erkauft ist.

Langsamkeit ist weit mehr als nur ein Wattebäuschchen für all die vielen Schürfwunden, die die Hetzjagd durch den Alltag den Menschen und den Dingen zufügt. Sie ist in unserem Zeitalter der Ultramobilität aber auch mehr als nur ein erholsames Freizeitvergnügen für besser verdienende Kreise (wie das den Pferden und den Segelschiffen widerfuhr).

»Es ist meine feste Überzeugung«, gab der geduldige, hochsensible, leidenschaftliche Spaziergänger Robert Walser zu Bedenken, »dass wir alle viel zu wenig langsam sind«, denn, so Walser an anderer Stelle: »Alles Schöne und Gute scheitert nur immer an der Unruhe.« So ist es nicht auszuschließen, dass die Langsamen bereits am Ziel sind, während sich die Schnellen noch abstrampeln, sie ihr Tempo stetig erhöhen, um schließlich dort anzukommen, wo die Langsamen schon sitzen und auf sie warten. Das ist Grund genug, aber es ist nicht der einzige Grund, einmal darüber nachzudenken, wie schnell wir das Leben eigentlich hinter uns bringen wollen und wie lust- und genussvoll das Dasein sein könnte, wenn wir es ab und zu wieder etwas langsamer angehen lassen würden.

Falls es Ihnen entfallen sein sollte: Das Langsame – und dieser Satz steht fest – ist stets das Schnelle, das man lässt!

Und jetzt, ganz langsam, zur »Wiederholung«.

6 »Play it again!« – die Wiederholung

»*Alles Behagen am Leben*
ist auf eine regelmäßige Wiederkehr
der äußeren Dinge begründet.«
(Johann Wolfgang von Goethe)

Tag für Tag erfahren wir das Gegenteil von dem, was Goethe den Grund für »alles Behagen am Leben« nennt. Die Wiederholung, die »regelmäßige Wiederkehr der äußeren Dinge«, wird heute eher *ver*achtet als *ge*achtet. Wiederholer, das sind Sitzenbleiber, Langweiler, Fortschrittsverächter. Mit ihnen will man nichts zu tun haben. Schon wer zweimal das Gleiche macht, hat den Zug der Zeit verpasst, hat nicht kapiert, wo's langgeht. Er wird gezwungen, von vorne anzufangen – muss »zurück auf Los«.

Ohne Wiederholungen jedoch würde es diese Welt überhaupt nicht geben und ohne Wiederholung könnte man sie auch nicht ertragen. Wo keine Wiederholung, da Unsicherheit, Verwirrung und viel Angst. Abgrundtiefe Orientierungslosigkeit machte alles Dasein zur Hölle. Kein Mensch fände zum andern, kein Tun hätte einen Sinn. Einsam irrten die allein gelassenen Menschen umher. Sie könnten sich auf nichts und niemanden verlassen. Stabilität, Verlässlichkeit, Dauerhaftigkeit und Beständigkeit wären ihnen fremd. Jegliche Zuversicht und alle Hoffnung liefen ins Leere. Eine Welt ohne Wiederholungen wäre eine Welt ohne Vertrauen, sie wäre eine beängstigende Welt. Auf etwas bauen, mit etwas rechnen, sich auf jemanden stützen, jemandem Glauben schenken: Das ist nur in einer Umgebung möglich, in der man sicher sein kann, dass Dinge sich gleichen, Handlungen sich wiederholen, Ereignisse wiederkehren und nicht alles stets von Neuem beginnt. Kein Mensch würde die Kraft und die Motivation aufbringen, spätabends ins Bett zu gehen, könnte er nicht sicher sein, dass die Sonne, wie sie es bisher immer getan hat, auch am nächsten Tage wieder am Horizont auftauchen wird. Keine Versicherung der Welt kann einen gleichermaßen umfassenden Schutz vor Unsicherheiten und Unwägbarkeiten anbieten, wie es die Zeitqualität der »Wiederholung« – kostenlos – tut. Die Wiederholung ist die mächtigste Rückversicherungsgesellschaft der Welt und diejenige, auf die die Menschen am wenigsten verzichten können.

Rhythmus als »Erinnerung nach vorne«

Kinder wissen und schätzen die Wiederholung und sie wissen es, ohne zu wissen, dass sie es wissen. Es ist das Zeitmuster des »Rhythmus«, das die Menschen von Geburt an prägt. Rhythmus, das ist nichts anderes als Wiederholung mit Abweichung. Kleinkinder sind in Rhythmen geradezu verwurzelt. Von der ersten Regung ihres Lebens an sind sie eingebettet in Wiederholungen und sie fühlen sich auch nur dort, wo es rhythmisch zugeht, wohl und geschützt. Regelmäßig fordern Kinder daher von den Personen, die ihnen nahestehen, Wiederholungen, und nur diejenigen dürfen ihnen nahekommen, die diesem Wunsch nachkommen.

Eltern, zuweilen auch die meist toleranteren Großeltern, können davon ein Lied singen. Sie werden von ihren Kleinen häufig bis an den Rand der Erschöpfung gezwungen, Abend für Abend die gleiche, und zwar prazise die gleiche Geschichte zu erzählen oder dasselbe, und zwar genau dasselbe Märchen wieder und wieder vorzulesen. Kinder brauchen das, sie brauchen das, so wie sie ihren Schnuller und ihr Schmusetuch brauchen. Nur so wird ihr Bedürfnis nach Sicherheit, Harmonie, Geborgenheit und Struktur befriedigt. Nur so entwickelt sich Vertrauen zu Personen, zu Dingen und zu dem, was um sie herum geschieht. Nur im Vertrauen, dass sie am nächsten Morgen, wenn sie aufwachen, genau jene Welt wieder vorfinden, die sie kennen und die sie am Abend zuvor verlassen haben, können sie relativ ruhig und entspannt einschlafen. Und es sind nicht wenige Erwachsene, die diese Sicherheit ebenfalls brauchen.

Jeden Abend vor dem Schlafengehen der Tagesthemen-Strö-mungsfilm mit dem Wetter von morgen, jeden Abend zehn Mi-nuten Bettlektüre, bevor man das Licht ausmacht, jeden Abend das gleiche Zubettgehritual: jeden Abend das, was man am Abend zuvor getan hat. Kinder und Erwachsene verringern hierdurch ihre Angst vor der Dunkelheit, vor dem Verlassen-werden und Verlassensein und vor dem Kontrollverlust. So re-duzieren sie ihre Ängste, im undurchschaubaren, unkontrol-lierbaren Fluss der Zeit unter- und verloren gehen zu können.

Alle Menschen – Kinder, Jugendliche und Erwachsene glei-chermaßen – verleihen Ereignissen und Vorgängen, die sie be-treffen und mit denen sie zu tun haben, Bedeutung, indem sie diese wiederholen. »Sechsundsechzigtausend Wiederholungen«, so Aldous Huxley, »machen eine Wahrheit«. Und annähernd ebenso viele Wiederholungen brauchen Menschen auch, um diejenigen Fähigkeiten und Werthaltungen zu entwickeln, die wir Zuverlässigkeit, Treue und Loyalität nennen und schätzen.

Wirkliche, folgenreiche Erfahrung entwickelt und entfaltet sich nur durch Erinnerung. Erinnerung ist Wiederkehr, ist ein Wieder-Herholen. Produktiv und kreativ wird Erfahrung dann, wenn man das, was man schon einmal gesehen, empfunden oder erlebt hat, wieder herholt, um es anders zu sehen, um es von Neuem zu betrachten, zu empfinden und zu erleben. Ohne ein Wieder-Herholen gewinnt das Leben keine Orientierung, keine Sicherheit und auch keine Stabilität. Kein Lebender könnte auf das hoffen, was wir Identität nennen. Keine Gegen-wart hat ohne Vergangenheit eine Zukunft. »Die Produktion von etwas Neuem«, so der französische Philosoph Gilles Deleuze, »ist die Wiederholung«.

Diese Form der produktiven, weiterführenden Wiederholung muss jedoch streng von einer ganz anderen, unproduktiven, fruchtlosen und leeren Form der Wiederholung abgegrenzt werden. Gemeint ist hier die stereotype Wiederholung des Immergleichen. Sie verhindert Kreativität, blockiert Wachstum und hemmt Reifeprozesse. Psychologen, insbesondere Psychoanalytiker, sprechen in diesem Zusammenhang vom »Wiederholungszwang«. Bei dieser Zwangshandlung wird an alten, überholten Denk- und Handlungsmustern in unveränderter Form festgehalten, obgleich die Verhältnisse zwischenzeitlich längst andere sind. Der Wiederholungszwang legt Gegenwart und Zukunft an die Leine der Vergangenheit. Jede Handlung, vor allem aber jede ihrer Wiederholungen, wird dann erdrückend, wenn sie ihren ursprünglichen Sinn überlebt. Sie droht die Handelnden von ihrer sozialen Umgebung zu isolieren. Nicht jede Wiederholung verleiht Sicherheit und Stabilität. Man muss schon genau hinschauen.

Unverzichtbar jedoch ist die Wiederholung in Bildungsprozessen. »Die Wiederholung ist die Mutter – nicht bloß des Studierens, auch der Bildung«, schreibt Jean Paul in seiner *Erziehungslehre* von 1807. Keine Erziehung kann auf die schöpferische, bildungswirksame Wiederholung verzichten. Doch das scheint in unseren Tagen in Vergessenheit geraten zu sein. Dem Trend der Zeit folgend werden die Zeiten des Lernens, der Bildung und des Studierens in immer größerem Umfang der wirtschaftlichen Rationalität der »Zeit ist Geld«- Logik unterworfen. Wir sind gerade Zeugen des Einzugs der ökonomischen Weltanschauung (genauer: *Zeit*anschauung) in die Hallen der Bildung. Man muss die Verkürzung der Gymnasialzeit und das, was gegenwärtig unter dem Etikett »Bologna-Prozess« an universitären Reformaktivitäten umgesetzt wird, als einen breiten, folgenreichen Angriff der Zeit der Ökonomie auf die Zeiten der Bildung verstehen.

Doch weder in der Erziehung noch in der Bildung gilt es, Zeit zu »bewirtschaften«, sie zu sparen, Prozesse zu beschleunigen, zu straffen und zu verkürzen. In Bildung und Erziehung geht es vor allem darum, Zeit klug zu »verlieren«. Die Zeitsparpolitiker und die administrativen Zeitraffer halten jedoch nichts von Wiederholungen, in ihren Augen sind sie zu vermeiden. Dort, wo man sich ihrer noch bedient (wie in der Schule), degradiert man die Wiederholung zu einer Strafmaßnahme. Die »Bildungsverkürzer« haben es in erster Linie auf die Wiederholungen abgesehen. In ihnen liegt das größte Einsparpotenzial, denn Wiederholungen gelten ihnen grundsätzlich und ausschließlich als »verlorene«, »verschwendete Zeit«. Und so wird zunächst gegen Wiederholungen mobil gemacht bei dem Feldzug, der sich »Bildungsreform« nennt. Doch weder Wissenschaft noch Erziehung, Lernen und Bildung kommen ohne Umwege, Irrwege und Wiederholungen aus. Selbst wenn sie kostspielig und langwierig sein mögen – verzichten kann man auf sie nicht.

Es ist die Zeitfreiheit – und die ist immer auch Freiheit zur Wiederholung –, die zu Erkenntnissen führt und der Bildung ihren Möglichkeitshorizont erschließt. Gebildet, so Wilhelm von Humboldt, ist nämlich derjenige, der »so viel Welt, als möglich zu ergreifen und so eng als er nur kann mit sich zu verbinden« sucht. Das gelingt nicht ohne Wiederholungen.

Produktive Wiederholung, wie sie Grundlage des Bildungsprozesses ist, ist Erinnerung nach vorne. Sie schafft Differenzen und sorgt so für die Voraussetzungen dessen, was wir Identität und Selbstbewusstsein nennen. Und das, was für Individuen gilt, gilt auch für Gemeinschaften. Sowohl individuelle als auch kollektive Identitäten brauchen ein Mindestmaß an Wiederholungen. Und zwar Wiederholungen, die, mit Peter Handke ausgedrückt, »kein Sichwiederholen, sondern ein Sich-Wieder-Herholen« sind.

Rituale: Alleen des Zeitlichen

Wir alle kennen solch wieder-herholende Handlungen und Verhaltensweisen. Sie bestimmen den Alltag, lenken uns und geben der Zeit einen rhythmischen Lauf. Traditionell nennen wir sie Rituale. Mehrheitlich vollziehen wir diese Rituale mechanisch, ohne ihnen besondere Aufmerksamkeit zu widmen. Wir begeben uns Tag für Tag etwa zur gleichen Zeit ins Bett, verrichten zuvor die gleichen Handlungen und stehen am nächsten Morgen, auch das etwa zur selben Zeit, wieder auf, um anschließend das zu tun, was wir gewohnt sind zu tun. Was danach geschieht, unterscheidet sich nicht wesentlich von dem, was man gestern und vorgestern getan hat. Wiederholung, Wiederholung, Wiederholung, nicht stur, nicht zwanghaft, sondern mit kleinen Abweichungen und mit Elastizitäten, die Spielraum für Neues und Überraschendes lassen. Das entlastet und verleiht dem Alltag seine Alltäglichkeit. Man muss nicht jeden Tag alles neu entscheiden, hat das Gefühl, Bescheid zu wissen, und ist sich sicher, was als Nächstes dran ist. Je problemloser, je selbstverständlicher wir mit Wiederholungen, mit Ritualen umgehen, umso mehr können wir auf Neues eingehen, uns auf anderes einlassen und einstellen, und umso häufiger haben wir Lust, etwas Neues auszuprobieren.

Rituale sind Alleen des Zeitlichen, sind Wiederholungen, »die nach vorwärts erinnert werden« (Kierkegaard). Wie die Rhythmen ordnen und strukturieren sie das Zeitliche, geben dem zeitlichen Chaos Sinn, Form und Bedeutung und machen die Welt erfahrbar und gestaltbar. Nicht die Uhren, wie häufig vermutet, machen die Zeit – sie messen sie nur; die Rituale und die Rhythmen machen sie. »Same procedure as every year.« Jahr für Jahr das Gleiche – und nur weil es Jahr für Jahr das Gleiche ist, wissen wir, dass ein Jahr zu Ende geht und ein neues beginnt. Wiederholungen sind es, die ein Jahr vom anderen, eine Woche von der anderen, einen Tag vom anderen, eine Stunde von der anderen unterscheiden.

Dem Grundbedürfnis der Menschen nach Wiederholung entsprechen auch jene sich wiederholenden sozialen Ereignisse, die wir Traditionen und Bräuche nennen. In ihnen verorten sich die Menschen sozial. Sie konstituieren Gemeinschaften, sichern ihren Zusammenhalt und geben deren Mitgliedern Halt.

Unter Volkskundlern erzählt man sich eine Begebenheit, die, wenn sie auch nicht wirklich so stattgefunden haben sollte, doch sehr realistisch und ausdrucksstark ist. Eine ältere Frau kommt zur Beerdigung einer entfernten Verwandten in ein ihr bisher unbekanntes Dorf, um an der Trauerzeremonie teilzunehmen. Unsicher über die am Ort üblichen Beerdigungsrituale neigt sich die Fremde zu Beginn des Trauergottesdienstes zu ihrer Banknachbarin und fragt sie leise: »Weint man bei euch schon in der Kirche oder erst am Grab?«

Die Frage ist nicht so pietätlos, wie sie auf den ersten Blick scheinen mag. Sie verdeutlicht, dass man bei traurigen Anlässen wie Beerdigungen nicht nur für sich selbst trauert. Man weint gemeinsam und durch das gemeinsame Weinen wird man von einem fremden Individuum zu einem akzeptierten Mitglied der Trauergemeinde. Bräuche, Gewohnheiten, Wiederholungen bringen die Menschen zusammen, entwickeln soziale Bindungskräfte und stärken das solidarische Handeln. Das tun sie – ausnahmslos – in allen Kulturen und Subkulturen.

Aus einem weiteren Grund, der heute oft ignoriert wird, ist die Wiederholung ein fundamentales menschliches Bedürfnis. Die Natur hat den Menschen als »Wiederholer« angelegt. Er ist bei Weitem nicht so flexibel, wie er sich wähnt. Täglich wird er müde, täglich wacht er auf, regelmäßig wird er hungrig und durstig. Darauf kann er sich selbst, können sich aber auch soziale Gemeinschaften, Organisationen und Institutionen verlassen. Jede Woche sieben Tage, jede Woche Sonntag, Montag, Dienstag und so weiter. Tag für Tag fährt man zur gleichen Zeit den Rechner hoch, begrüßt stets zur gleichen Zeit die gleichen Arbeitskolleginnen und Arbeitskollegen, gießt jeden dritten Tag die Blumen am Fenster, checkt immer, bevor man den Arbeitsplatz verlässt, nochmals die Mails und fährt anschließend den Computer herunter. Was immer man tut, man tut es fast nie zum ersten Mal. Wir wiederholen so viel und so oft, weil uns die Zeitnatur unseres Leibes dies vorgibt. Biologen und Zeitexperten sprechen in diesem Zusammenhang von der chronobiologischen Rhythmizität, die sich im täglichen Leben sozial, in erster Linie in gemeinsamen Gewohnheiten, Ritualen und Traditionen ausformt. Die dem Körper von der Natur eingeschriebene Wiederholung gibt den Individuen Halt in dieser Welt, verleiht darüber hinaus auch Gemeinschaften und Organisationen ein stabiles Rückgrat und hält sie in einem dynamischen Gleichgewicht.

Darauf angewiesen sind in diesen Tagen besonders jene Wirtschaftsunternehmen, die sich durch die Beschleunigung der Marktprozesse zur Einführung umfangreicher Flexibilisierungsmaßnahmen gezwungen sehen. Fatal jedoch wäre es, dabei die entlastenden, stabilisierenden, richtungsweisenden Wiederholungen zu opfern. Die Produktivität litte, wenn nicht kurz-, so doch auf jeden Fall langfristig. Wiederholungen »kosten« keine Zeit. Sie sind auch keine Beschleunigungs- oder Flexibilisierungsbremsen. Viel eher »sparen« Wiederholungen Zeit. Denn durch Wiederholungen entstehen Routinen, Gewohnheiten, es entwickelt sich Vertrauen: alles Dinge, die die Handelnden von Informations- und Entscheidungsaufwand entlasten. Nicht zuletzt befreien sie von dem Terror, ständig über Zeit und deren Organisation entscheiden zu müssen. Vertrautheit und Routine reduzieren Zeit- und Organisationsaufwand und vermindern den Zwang zur Rechtfertigung dessen, was getan wird. Das gilt sowohl für den Bereich der Arbeit, wie auch im Hinblick auf die vielen schwierigen Auf- und Abstiege im Verlauf des Lebens. Die lassen sich nur mithilfe von Wiederholungen, Rückgriffen auf Gewohntes und sozial anerkannte Rituale bewältigen. Sie geben in riskanten Situationen den Halt, den sich der Bergsteiger durch den Griff ans sichernde Seil verschafft.

Das meiste dessen, was dem menschlichen Leben Bedeutung und Sinn verleiht, entsteht durch Wiederholung und Differenz. Durch den Akt des Wieder-Herholens erst wird Fremdes, Neues, anderes erkannt, sichtbar und verarbeitbar. Der Zukunft kann man sich zuwenden, weil man sich durch Erinnerung der Vergangenheit bewusst wird. Das beste Beispiel für die Leistungskraft und das Potenzial der Wieder-Herholung aus historischer Sicht, stellt die kulturgeschichtliche Epoche der Renaissance dar. Durch den Rückgriff auf Vergangenes, Altes und in der Wiederbelebung antiker Erkenntnisse und Errungenschaften wurde in der Renaissance fundamental Neues gedacht, entwickelt und geschaffen. Von Wiederholungen allein aber kann niemand leben, auch die Zeit kann es nicht. Zu ihr gehört auch das »Warten«. Auch das Warten braucht mehr Aufmerksamkeit. Es ist nämlich im Rausch der Geschwindigkeit »unter die Räder gekommen«. Machen wir uns an die Arbeit und rekultivieren es!

»Please hold the line!« – das Warten

7

Wladimir: »*Kein Grund mehr zur Unruhe.*«
Estragon: »*Man braucht nur zu warten.*«
(Samuel Beckett: Warten auf Godot)

Wir tun es überall, immer öfter und stets ungeduldiger. Wir hassen es. Die Rede ist vom Warten. Woher dieser Hass, wo doch der Mensch zeit seines Lebens wartet? Es geht schon früh los. Im Mutterbauch wartet er, um endlich das Licht der Welt erblicken zu können, dann wartet er darauf, gefüttert zu werden, wartet mit seinen Eltern auf einen Krippenplatz, anschließend auf einen im Kindergarten. Dort wiederum wartet er auf seine Einschulung und ist er dann in der Schule, wartet er Tag für Tag aufs Ende des Unterrichts, bald auf die Pubertät und das, was diese aus ihm macht. Er wartet schließlich auf den Führerschein, auf einen Ausbildungs- oder Studienplatz, und ist er mit dem Lernen fertig, wartet er auf einen Arbeitsplatz – und, nicht zu vergessen, immer wieder neu, auf die ganz, ganz große Liebe. Hat er die dann gefunden, wartet er jeden Montag in der Firma aufs nächste Wochenende und wenn's mit der Karriere doch nicht so läuft wie erwartet, wartet er auf den erlösenden Lottogewinn. Auch dann hört das Warten nicht auf, doch irgendwann im Leben wartet er nicht mehr ganz so hoffnungsfroh auf das, was noch kommt, dann wartet er ernüchtert auf die ersten grauen Haare, die ersten Falten, den Verlust der Vitalität und schließlich – welch ein Wortbetrug! – auf das, was man »Vorruhestand« nennt und das Weitere, was danach noch folgt. Und findet der Mensch dann endlich einmal die Zeit für einen Rückblick, stellt er fest, dass nicht nur das halbe Leben, sondern auch der weitaus größte Teil des Alltags aus wenig mehr als Warterei besteht.

Man wartet an der roten Ampel, am Zebrastreifen, an der Kasse des Supermarktes, am Ticketschalter, am Skilift, an zig verschiedenen Türen, in ebenso vielen Vor- und Wartezimmern. Man wartet auf Karten fürs Fußballspiel, fürs Theater, auf eine freie Telefonverbindung, wartet darauf, nicht immerzu mit »Bitte warten!« abgespeist zu werden und dass der Computer endlich auf Touren kommt. Männer warten beim Einkaufen auf ihre Frauen. Frauen auf den Tag, an dem ihre Männer endlich mal zum versprochenen Zeitpunkt von der Arbeit nach Hause kommen. Als Männer und Frauen noch Kinder waren, haben sie beide aufs Christkind gewartet. Mal gemeinsam, mal getrennt warten Frauen, Männer und Kinder am Bahnhof, auf dem Parkplatz, im Café, am Flughafen und an Tausenden anderen windigen und – wenn sie Glück haben – auch mal sonnigen Orten. Dort warten sie dann in Wartehäuschen, an Warteplätzen, in Warteräumen und Wartezimmern und hoffentlich nicht unter der Brücke.

Sechs Monate seines Lebens, lassen uns US-Statistiker wissen, wartet der Durchschnittsamerikaner vor roten Ampeln, fünf Jahre verbringt er beim Schlangestehen, zwei Jahre wartet er auf die richtige Telefonverbindung. Deutsche Wissenschaftler stellten fest, dass die Zeit beim Warten in der Schlange um ein Drittel länger empfunden wird, als sie tatsächlich ist. Der Mensch ist ein »Wartender«. Er wartet, wartet, wartet – sein Leben lang. Doch so lange er wartet, kann er sich sicher sein, noch unter den Lebenden zu weilen ...

Trotzdem hat das Warten einen schlechten Ruf. Es gilt als »vertane« Zeit, als etwas, das es zu »vermeiden« gilt, als ein Zustand, dem man sich »ausgeliefert« fühlt und von dem man sich erhofft, baldmöglichst »erlöst« zu werden. Warten gilt als »ärgerlich«, »lästig«, »quälend«, »unangenehm« und »unerwünscht«. Man wird dazu »verdammt«, »verurteilt« und nicht selten auch »gezwungen«. Warten ist ein Defekt, ein Fehler im System, ein Makel, das Ergebnis misslungener Planung. Warten ist »Zeitdiebstahl«, »geraubte« Zeit, eine Art »Krankheit der Zeit«. Kein Mensch wartet gerne. Warten, das ist die Hölle. »Der Teufel hat das Suchen erfunden und seine Großmutter das Warten«, behauptet ein italienisches Sprichwort. Hätte man endlich ein Mittel gegen das Warten gefunden, die Menschen würden danach

Schlange stehen, sie würden alles Warten dieser Welt in Kauf nehmen, um es zu bekommen.

Kaum ein Heilsversprechen ist so profitabel, ist mit so vielen Erwartungen verknüpft, wie das der sofortigen »Erlösung« vom Warten. Es ist also nicht zu verwegen, die Moderne als eine Epoche zu charakterisieren, die es sich zum Ziel gesetzt hat (und vorgibt, weiter daran zu arbeiten), das Warten abzuschaffen. Doch betrachtet man das Ergebnis der Anstrengung, kommt man nicht umhin, sich einzugestehen, dass das Ziel meilenweit verfehlt wurde. Je mehr unternommen wurde, um das Ziel zu erreichen, umso weiter entfernte es sich. Der Kampf gegen das Warten hat zur Folge, dass wir zu Beginn des 21. Jahrhunderts mehr als jemals zuvor warten und häufiger denn je dazu gezwungen werden. »Bitte warten!«, »Bitte warten!«, »Bitte warten!« ... so oft wie heute haben wir das noch nie zu hören bekommen.

Es ist paradox. Der intensiv geführte Feldzug gegen die Warterei hat die Menschen ins Reich des Wartens geführt. Die Krieger, die auszogen, dem Warten den Garaus zu machen, treffen sich in den Wartesälen dieser Welt, in den Bahnhöfen, Autobahnraststätten und Transiträumen der Flughäfen wieder. Es ist wie in der modernen Medizin, wo die Nebenwirkungen eines Medikaments die Leidenden oft kranker machen als die Krankheit selbst. Durch die Vordertür vertrieben, kehrt die Warterei durch die Hintertür ins alltägliche Dasein zurück. Warum dann diese Feindseligkeit, warum diese Mobilmachung gegen das Warten? Was stört die Menschen so daran? Warum ist es ihnen lästig? Schauen wir genauer hin.

Warten als Strafe

Es gibt nicht nur eine Art des Wartens, es gibt viele Arten. So etwa das aufregende, aufbringende, nervende und entnervende Warten. Es ist jenes Warten, das sich die Mächtigen, besser: die sich mächtig Wähnenden, gerne herausnehmen. Über die Inszenierung von Ohnmachtserfahrungen bei den von ihnen Abhängigen, genießen und zelebrieren sie ihre Macht. Es handelt sich dabei um einen Missbrauch des Wartenlassens, um die Inanspruchnahme nicht eines echten, sondern eines vermeintlichen Privilegs von Mächtigen und Vorgesetzten, Abhängige beziehungsweise Untergebene warten zu lassen. Ärgerlich daran ist, dass es sich dabei um ein Vorrecht handelt, das den Personen nicht verliehen wird, sondern das sich diese herausnehmen. Kurz gesagt: Es ist ein perverser Genuss an der Macht, speziell an der Verfügung über die Zeit Abhängiger. Wie der Staat legalerweise Gesetzesübertreter zum Warten hinter Gittern verurteilt, so zwingen – jedoch *ohne* Rechtsgrundlage – selbstgefällige Autoritäten ihre Zeitregie anderen in rücksichtsloser Art und Weise auf. Warten ist in diesem Fall eine Strafe, bei der die Betroffenen nicht wissen, wofür sie bestraft werden.

Nicht ganz so unangenehm, aber auch entnervend und von aufbringender Art ist dasjenige Warten, das durch irgendwelche, meist nicht genau identifizierbaren »Sachzwänge« verursacht wird. Es sind Zeiterfahrungen mal am Rande, mal im Auge des Beschleunigungshurrikans, der sich des Zeitgeistes längst bemächtigt hat. Wir sprechen dann von Betriebsstörungen, Computerabstürzen, Zusammenbrüchen der Netze und der Verkehrssysteme, Stromausfällen, Sendestörungen oder Havarien. Doch nicht alle Menschen müssen in solchen Augenblicken des Wartenmüssens über Lautsprecheransagen zu Geduld und zur Ruhe ermahnt werden. Nötig haben das nur solche »Dabeiseinsspezialisten«, die mit dem Anspruch leben, rund um die Uhr auf Achse zu sein. Nur sie haben Anlass, bei störungsbedingtem Warten unruhig zu werden. Die Übrigen könn(t)en in solchen Situationen, auch ohne dazu aufgefordert worden zu sein, gelassen bleiben. Sie können sich freuen über die unerwartete Zeit, darin keine »Katastrophe«, sondern eine willkommene, zuweilen auch erhoffte Gelegenheit sehen, endlich mal wieder auf die Zeit zugehen und sie zu sich einladen zu können. Sie sollten froh sein, zumindest für einige Augenblicke dem Zwang entkommen zu sein, der Zeit pausenlos und »wartelos« nachlaufen zu müssen.

Lästig, störend, überflüssig ist das Warten eigentlich nur dort, wo Zeit in Geld verrechnet wird, wo die Verwertungslogik der knappen Zeit die Herrschaft übernommen hat. Menschheitsgeschichtlich betrachtet ist das noch nicht allzu lange her. Erst als die Moderne Fahrt aufgenommen hatte, entschieden sich die Menschen, Zeit in Geld zu verrechnen und schneller und schneller und ungeduldiger und ungeduldiger zu werden. Zeit musste von da an »gewonnen« und »gespart« werden. Den Anhängern dieser Logik blieb schließlich gar nichts anderes übrig, als das Warten für »verlorene« Zeit zu halten und ihm den Kampf anzusagen. Das aber gilt ausschließlich für das Herrschaftsgebiet des »Zeit ist Geld«-Imperativs. Nur dort stört das Warten, da aus dessen Sicht Wartezeiten Kosten verursachen. Anders ausgedrückt: Die »verwartete« Zeit könnte profitabler (wohlgemerkt nur profitabler im Sinne der Ökonomie!) genutzt werden. Dort, wo die Zeit, wie der Hund auf dem Hof, an die Kette »Geld« gelegt wird, wird sie, obgleich täglich neue Zeit nachkommt, knapp gemacht. Alles Warten, das nicht zum Geldverdienen oder zum Geldausgeben genutzt wird, bekommt dann in der Regel den Makel aufgedrückt, »verlorene« Zeit zu sein.

Aus ökonomischer Sicht spielt es keine Rolle, dass das Warten ganz unterschiedliche Qualitäten hat, dass es zum Leben gehört wie die Luft zum Atmen. Das Warten auf ein öffentliches Verkehrsmittel gilt dem »Zeit ist Geld«-Verfechter ebenso als »verlorene« Zeit wie das Warten auf die ersehnte Ankunft einer geliebten Person. Das Warten im Stau auf der Autobahn ist dann genauso unnütz wie das Warten auf die Lottozahlen oder das Warten auf einen Sonnenuntergang am Ende eines Urlaubstages an einem Südseestrand. Die qualitätslose Rechenmarke »Geld« raubt dem Warten jeglichen situationsspezifischen, besonderen Charakter und seinen jeweiligen Eigen-Sinn. Beglückung, Freude, Erwartung, Entzücken: Diese und andere Gefühle, die das Warten bei Menschen auszulösen fähig ist, spielen keine Rolle. Aus Sicht des »Zeit ist Geld«-Imperativs ist jedes Warten, das nicht dem Mammon dient, überflüssige, sprich: ungenutzte Zeit. So entsteht der Eindruck, Warten sei unproduktiv, entbehrlich, unnötig, deshalb müsse etwas dagegen unternommen werden.

Dort, wo Ehrgeiz und Anstrengung darauf gerichtet sind, Schnellster und Erster zu sein, wo der »Sofortismus« die Macht übernommen hat, stehen das Warten und die Wartenden unter misstrauischer Beobachtung. Kein öffentlicher Platz mehr in unseren Städten, kaum noch eine Straßenkreuzung, an der nicht gleich mehrere Kameraobjektive auf die Wartenden gerichtet sind. Wer sich nicht zielstrebig bewegt, »nur« herumsteht, wird zum Objekt argwöhnischer Observation, als wenn er ein potenzieller Umstürzler wäre. Lust zum Warten, Freude am Warten soll und darf nicht aufkommen und genießen soll man das Warten schon gar nicht. Dass man vielleicht gerne, zugleich gespannt und entspannt, ein andermal erwartungsvoll oder einfach nur so wartet, scheint keinem für die Möblierung der Innenstädte zuständigen Behördenvertreter in den Sinn zu kommen. Immer wieder von Neuem ist man erstaunt, wie unbequem und abweisend man die wenigen den städtischen Rationalisierungsmaßnahmen noch nicht geopferten Sitzgelegenheiten auf öffentlichen Flächen gestalten kann. Sie sind alles, nur keine Einladung für Wartende, sich auf ihnen niederzulassen. Ihre Funktion scheint eher darin zu bestehen, Wartende vom Warten abzuhalten und abzuschrecken. Wenn sie schon warten, dann sollen sie dafür zahlen. Und so sieht's dann aus: Plätze und Bürgersteige verwandeln sich in »merkantile Kampfzonen«, in denen Schankbetriebe, Schnellgaststätten und Coffee Companies um das Geld der Wartenden konkurrieren. Warten? Gerne, aber nicht kostenlos. Kein Warten mehr ohne Verzehrzwang. Statt »schöner warten« lautet das Motto, »teurer warten«. Und wieder hat der »Zeit ist Geld«-Imperialismus ein weiteres Stück »Zeitland« erobert.

Vom Glück des Wartens

Doch Warten ist etwas anderes als das, wozu es heute gemacht wird. Warten ist weder nur »verlorene« noch »überflüssige« Zeit und Warten wird auch nicht immer und überall nur als Mittel missbraucht, um soziale Unterschiede zu inszenieren oder zu demonstrieren.

Warten ist in erster Linie lebendige Zeit, Lust an der Zeit, ein Geschenk der Zeit. Will man eine Ahnung von den Qualitäten bekommen, die das Warten auch und zuallererst hat, will man wissen, was man verlieren würde, wäre der Kampf gegen das Warten erfolgreich, so begebe man sich in eines der selten gewordenen traditionellen Kaffeehäuser oder setze sich unter einen schattigen Baum und schlage beim Stichwort »Warten« im lehrreichen Wörterbuch der Brüder Grimm nach. »Warten«, wird man dort finden, bedeutet: »wohin schauen, seine Aufmerksamkeit auf etwas richten, versorgen, pflegen, einem dienen, harren ...«.

Für die Brüder Grimm ist das Warten, das belegen ihre anschaulichen Begriffsklärungen, keine »leere«, keine »unnütze«, keine »verlorene« Zeit. Warten ist *Zeitleben*, es gehört zum Leben, macht das Leben lebendig und lebenswert. Wer auf das Warten verzichtet, es bekämpft, verzichtet auf Leben und bekämpft das Lebendige. Es zählt zu den Merkwürdigkeiten des begriffsgeschichtlichen Bedeutungswandels, dass wir den Sinngehalt des Grimmschen »Wartens« heutzutage nur noch dort in Anspruch nehmen (im Sinne von »Wartung«), wo es um die Pflege unserer Autos und Maschinen, allesamt tote Gegenstände, geht. Wer will, kann daraus schließen, dass wir heute, wenn es ums Warten geht, dem Toten den Vorzug vor dem Lebendigen geben. Das aber ist töricht, ebenso töricht wie die Neigung, im Warten ausschließlich einen erzwungenen Handlungsverzicht zu sehen. »Warten« – das Grimmsche Wörterbuch ist in dieser Hinsicht keineswegs veraltet – ist auch eine attraktive, verlockende, fruchtbare Zeiterfahrung.

Wären die Menschen wirklich so unglücklich mit der Warterei, wie es ihnen die Werbung suggeriert, hätten sie längst damit aufgehört. Wie sonst ließe sich die Leidenschaft erklären, mit der Freunden, Verwandten und Nachbarn von den jährlich wiederkehrenden Stauerlebnissen bei der Reise in die Ferien und zurück berichtet wird? Das Thema füllt viele herbstliche Gesprächsabende. Auch der Automobilindustrie ist das nicht verborgen geblieben. Deren Verkaufsstrategie hat sich neuerdings auffällig verändert. Ihr zentrales Verkaufsargument heißt nicht mehr »schneller fahren«, sondern »schöner warten«. Nimmt man die Klagen der Menschen ernst, suchen sie den ganzen Tag verzweifelt nach mehr Zeit. Wo, wenn nicht im Stau, findet man sie heutzutage? Wann, wenn nicht im Stau, kommt man endlich zu dem, was man die ganze Zeit schon tun wollte? Man genießt den Zwang des Unausweichlichen und befriedigt dabei seine mehr oder weniger heimlichen Bedürfnisse. Und das alles unter dem Schutz, sich über das, was sowieso nicht zu ändern ist, aufregen zu können.

Selbst im Reich der Ökonomie ist das Warten fruchtbar und produktiv. Auch wenn in den Unternehmen das Warten keinen guten Ruf hat – ohne Warten geht es nicht. Jeder Bauer, jede Gärtnerin kann ein Lied davon singen, dass diejenigen, die die »Kunst des Wartens« am besten beherrschen, die schönsten Äpfel und die dicksten und wohlschmeckendsten Kartoffeln ernten. Die Natur kann warten und die, die mit ihr zu tun haben, die können es auch oder sollten es zumindest auch können. »Gut Ding will Weile haben« – denn nur, wer eine Weile warten kann, kann es auch gut machen.

Das gilt besonders für Erziehung und Bildung. Bildung, so Adorno in seinen nachgelassenen Schriften, heißt »Wartenkönnen«. Doch Warten heißt in Erziehung und Bildung nicht »Seinlassen«, heißt nicht, unbeteiligt alles »geschehen zu lassen«. Warten ist aktives Tun, Aufmerksamkeit, Präsenz. Sie darf nicht mit Passivität, Untätigkeit und erst recht nicht Gleichgültigkeit verwechselt werden. Daher ist Warten immer auch produktiver Widerstand gegen den gleichmachenden verordneten Zeitdruck und gegen die Zumutungen maßloser Beschleunigung. Erziehung besteht zu einem großen Teil aus Warten und Abwarten. Und Bildung kann man bekanntlich nicht machen, sondern nur zulassen. Doch die Bedingungen fürs Zulassen, fürs Wartenkönnen beispielsweise, kann und muss man beeinflussen und gestalten. »Bildung wird nicht in stumpfer Fron oder Plackerei gewonnen, sondern ist ein Geschenk der Freiheit und des äußeren Müßiggangs; man erringt sie nicht, man atmet sie ein«, so Thomas Mann in *Felix Krull*.

Als hätte er das heutige Schicksal des Wartens bereits vorausgesehen, hat der englische Philosoph John Locke 1690 in seinem *Versuch über den menschlichen Verstand* darauf aufmerksam gemacht, dass das Warten, der Aufschub eines Wunsches, keine »verlorene« Zeit ist: »Die Erfahrung lehrt«, so Locke, »dass die Seele in der Regel die Ausführung und die Befriedigung eines Begehrens [...] hemmen kann. Dadurch wird sie frei für die allseitige Betrachtung der Gegenstände des Begehrens und deren Vergleichung untereinander. Hierin liegt die Freiheit, welche der Mensch besitzt.« Freiheit, so Locke, findet der Mensch also nicht dort, wo alles sofort, ohne warten zu müssen, zu bekommen ist. Frei ist der Mensch, wenn er auf die »Befriedigung eines Begehrens« *warten* kann. Das Warten – das Erwarten – ist es vor allem, das die Menschen dazu befähigt, das Gute vom Schlechten, das Sinnvolle vom Sinnlosen, das Notwendige vom Überflüssigen und das Schöne vom Hässlichen zu unterscheiden. Dieses Unterscheidungsvermögen jedoch verkümmert dort, wo die Menschen unablässig auf Trab gehalten werden und ihnen die Versofortigung ihrer Bedürfnisbefriedigung als Freiheit verkauft wird.

Machen wir uns nichts vor: Eigentlich warten wir immer – und zwar aufs Glück. Und ohne Warten aufs Glück könnten wir es in dieser Welt nicht aushalten. Die meiste Zeit aber warten wir vergeblich, in erster Linie deshalb, weil wir nicht warten wollen und es auch nicht mehr können. Das Glück – und das macht es erst zum Glück – lässt sich weder kalkulieren noch planen. Man kann es nicht wie einen pflichtbewussten Hund einfach mal schnell herbeipfeifen und es lässt sich auch nicht fix mit der Uhr, mit einem Kalender und schon gar nicht durch die Regeln und Vorschläge des Zeitmanagements heranholen. Aufs Glück kann nur warten, wer warten kann. Denn das Warten aufs Glück ist bereits ein Teil jenes Glücks, auf das man wartet. Das Glück ist ein wartender, kein fahrender Geselle, sein Hauptwohnsitz ist ein Wartehäuschen. Warten, das ist ein echter Glücksbringer, eines jener schönen Amulette, von denen man nicht weiß, ob sie das Glück bereits sind oder es erst bringen.

Es sind die von den Zumutungen der profitablen Vermarktung weit entfernten Wartesäle unseres Lebens, die Ränder der Zeit, wo man der Zeit begegnet und die Gelegenheit findet, sich ihr anzunähern, um mit ihr ein Weilchen gemeinsame Sache zu machen. Näher aber – und das macht das Warten zu etwas wirklich Unverzichtbarem – kommt man nicht nur der Zeit dabei, sondern auch der Welt und vor allem sich selbst. Denn erst wenn er wartet, wird der Mensch zum Menschen.

Wer warten kann, hat viel getan. Warten und Wartenkönnen bereichern das Leben, machen es bunter, vielfältiger, friedlicher, mit einem Wort: menschlicher. Warten ist nicht nützlich oder unnütz, sondern lebensnotwendig. Nicht das Warten ist die Hölle, sondern ein Leben, das kein Warten mehr kennt. In diesem und von diesem könnten wir nichts mehr erwarten. Ein Leben ohne Erwartung wäre nicht nur unendlich langweilig, es wäre auch nicht wert, gelebt zu werden. Anstatt das Warten zu verkürzen, sollten wir es verschönern, um mehr Gefallen an ihm zu finden.

Schon möglich, dass wir das Warten wieder lernen müssen. Doch nicht auf Schulbänken, nicht aus Lehrbüchern und auch nicht in Volkshochschulkursen. Warten kann man nur dort lernen, wo es Teil der Alltagserfahrung ist und geschätzt wird. Je weiter man nach Süden kommt, umso selbstverständlicher ist es, umso mehr gehört das Warten zur Lebensqualität, umso häufiger ist es Teil einer Lust an der Zeit und am Dasein. Wer dorthin reist und sich für die Reise Zeit nimmt, dem winken Erfahrungen, wie sie Nietzsche beschreibt: »Warten und Sich-vorbereiten; [...] den Süden in sich wieder entdecken und einen hellen glänzenden geheimnisvollen Himmel des Südens über sich aufspannen.«

Während die Schnellen an solchen Erfahrungen vorbeilaufen, kommen sie auf die Wartenden zu. Glücklich diejenigen, die warten können, denn, so ein Versprechen der biblischen Verheißung, »dem Geduldigen gehört das Himmelreich«.

So, und jetzt machen Sie am besten mal Pause, und zwar eine richtige Pause. Telefonieren Sie nicht, schalten Sie nicht den Fernseher ein und lassen Sie sich auch sonst nicht ablenken. Tun Sie einfach mal nichts und beobachten Sie sich dabei, wie Sie nichts tun; und wenn es Ihnen langweilig wird, dann beobachten Sie, wie es so ist, wenn es einem langweilig wird. Gibt es in Ihrer Nähe ein schönes Café, dann spazieren Sie hin, suchen Sie sich einen Fensterplatz und schauen Sie eine Weile hinaus, um jenen zuzuschauen, die gerade keine Pause machen.

8

»Der Zwischenraum, hindurchzuschaun« – die Pause

»Ich bin immer, auch im Leben,
für Ruhepunkte; Parks ohne Bänke
können mir gestohlen bleiben.«
(Theodor Fontane)

Wer vom »Fluss der Zeit« spricht, darf von den »stehenden Gewässern der Zeit« nicht schweigen. Also sprechen wir von der Pause. Auch sie hat in einer Gesellschaft, die den Fortschritt zu ihrem Abgott gemacht hat, keinen guten Ruf. Es fallen nicht diejenigen auf, die immer nur rumwuseln, die stets aktiv sind, etwas machen, und sei dies noch so sinnlos; nein, auffällig werden die, die nichts tun, die innehalten, um eine Pause zu machen. Ihnen rückt man auf den Pelz: mit Strafen, mit direktem und indirektem Druck, mit Verachtung. Einfach nur dasitzen, fünf gerade sein lassen und nichts tun, das darf nicht sein.

Längst sind die ehemals abwechslungsreichen Strände der Zeit planiert, begradigt und nivelliert. Die herrschende Diktatur des Zeitsparens hat in enger Abstimmung mit der Rastlosigkeit die Pause zum Feindbild erkoren. Aus Pausen wurden Störungen. Pausen sollen, ja müssen »gefüllt« werden – so wollen es Politik, Wirtschaft, Freizeitindustrie, Fernsehen und Internet in seltener Einigkeit. Gefüllt jedoch nicht mit Ruhe, Stille und Muße, sondern ausschließlich mit Tun – meist *geldwertem* Tun. Selten einer, der der Leere zwischen dem Tun und dem Machen etwas abgewinnen kann, der durch Pausen mehr Bewegung ins Leben und in die Zeit zu bringen wagt. Aber immer mehr Menschen, für die Pausen so etwas wie eine ansteckende Krankheit sind. Das war jedoch nicht immer so.

Pausen: Leuchttürme des Daseins

Die »Pause« hat eine lange und ehrwürdige Geschichte. Eine würdige Gegenwart hat sie nicht. Ihre begrifflichen Wurzeln findet man im altgriechischen Verb *pauein*: beenden, unterlassen, ablassen. Im Lateinischen wird dies dann zu *pausa*: Innehalten; im Altfranzösischen zu *pose*: Ruhe und von dort wandert der Begriff im 13. Jahrhundert als Lehnwort ins Mittelhochdeutsche und gelangt über *puse* schließlich zur Pause.

Pausen zählten noch im alten Griechenland zu den notwendigen, unverzichtbaren Zeitqualitäten individuellen und sozialen Daseins. Sie waren ein zentraler Teil dessen, was wir heute »Lebensqualität« nennen. Die historischen Quellen lehren, dass ein gewisser Aristos im Jahr 309 vor Christus für seine Musiker mehr Pausen verlangt hatte und dafür sogar den ersten uns aus der Geschichte bekannten Streik riskierte. Dass auch die Römer dem Pausieren viel abgewinnen konnten, wissen wir von Cicero, der in seiner Schrift über den Redner *(de oratore)* einen engen Zusammenhang zwischen Pause und bürgerlicher Freiheit herstellte: »Mir scheint nämlich selbst ein freier Bürger nicht wirklich frei zu sein, der nicht irgendwann auch einmal einfach nichts tut.« – *Tempi passati*, vergangene Zeiten!

Pausen, das zumindest behauptet der Münchner »Kleine-Leute-Philosoph« Karl Valentin, gibt es in allen Größen. Einige dauern nur Sekunden, andere ein paar Stunden und wiederum andere gleich mehrere Tage. Auch glänzen die Pausen mit einer Vielzahl von Namen. Deren Anzahl steht in krassem Widerspruch zum einfältigen Umgang mit ihnen. Wir kennen: Kaffeepausen, Schulpausen, Frühstückspausen, Pinkelpausen, Arbeitspausen, Theaterpausen, Sendepausen, Zigarettenpausen, Zwangspausen, Essenspausen, Schreibpausen, Denkpausen, Sprechpausen, Feuerpausen, Erziehungspausen, Babypausen, Erholungspausen, Ruhepausen, Atempausen, Winter- wie Sommerpausen – selbst Generalpausen sind im Angebot. Darüber hinaus gibt es noch Pausen, die gar nicht so heißen, aber doch Pausen sind. Ältere Menschen sprechen gerne vom Rasten, Jüngere machen zwar das Gleiche, nennen es aber Chillen – oder sie »hängen einfach mal eine Zeit lang ab«. Der eine nimmt eine

Auszeit, die andere erlaubt sich eine Siesta. Dritte wiederum pfeifen zur Halbzeit – leider sind es nicht so viele wie diejenigen, die auf eine Pause pfeifen.

Überall dort, wo man die Pausen regelt und organisiert, versucht man sie letztlich abzuschaffen. Man schiebt sie ins Museum der Zeit ab, wo sie neben Spinnrädern, Postkutschen und vergilbten Fotografien ihre traurige Existenz zu fristen gezwungen werden. Wie einst die Dampflokomotiven, so verabschieden sich die Pausen aus dem Alltagsleben mit dem Gruß: »Ich bin nun alt und bin bereit, zu weichen der modernen Zeit«. Schalt- und Sendepausen, wie sie in Radio und Fernsehen bis kurz vor der Jahrtausendwende noch üblich waren, findet man jetzt nur mehr im Zeitmuseum; und der Sonntag, die inzwischen fünftausend Jahre alte Pause im Wochenrhythmus, ist gerade noch mal – dem Bundesverfassungsgericht sei Dank – vor dem Schicksal bewahrt worden, im Museum der ausrangierten Zeitqualitäten zu landen. Wurde im Fernsehen einst durch ein Standbild eine Sendepause angezeigt, beknien Moderatoren heute die Zuschauer mit Nachdruck, doch bitte pausenlos »dranzubleiben«. Es scheint, als liebte man heute die Pausenlosigkeit mehr als die Pausen – nicht nur in den Medien. Doch je weniger Pausen, desto dürftiger die Zeiten.

Doch was ist das eigentlich, eine Pause? Kurz: Eine Pause ist die Unterbrechung einer Tätigkeit, also ein »Dazwischen«. Sie ist das, was zwischen zwei Aktivitäten liegt. Pausen sind zeitliche Zwischenräume, genauer: Zwischenzeiten. Sie machen, Morgenstern beschreibt es in amüsanten Reimen, die Bretterwand zum

Lattenzaun, und zwar zu einem »Lattenzaun, mit Zwischen-raum, hindurchzuschaun«.

Pausen setzen ein Geschehen voraus und verweisen zugleich auf ein Geschehen, das ihnen folgt. Sie unterbrechen das Han-deln durch ein Unterlassungshandeln und machen das, was sie unterbrechen, zur Vergangenheit und das, was ihnen folgt, zur Zukunft. Sie sorgen dafür, dass etwas Neues eintritt, weil zuvor etwas aufgehört hat. Pausen sind also nicht nichts. Im Gegenteil, sie sind wirkungs- und sinnvolle Leerstellen, in denen mehr oder weniger Bedeutsames geschieht. Sie dienen dem Nach- und dem Vorausdenken, regen zum Fantasieren und Träumen an, erlauben das Abschalten und Verarbeiten in einem. »Zum Den-ken«, so Walter Benjamin, »gehört nicht nur die Bewegung der Gedanken, sondern ebenso ihre Stilllegung.«

Pausen sind Zwischenzeiten, die Gelegenheit bieten, zu sich zu kommen, und doch nicht zwingen, bei sich bleiben zu müs-sen. Pausen sind es häufig, die der Selbsterkenntnis vorausgehen. Sie schaffen zugleich Ordnung und Unordnung, vermitteln Ori-entierung, gewähren Distanz und eröffnen Chancen, anders als zuvor weiterzumachen, die Richtung zu wechseln. Sie bewahren die Menschen vor dem grausamen Schicksal des Sisyphos, dem Immerweitermachen-Müssen. »Beim Nichtstun«, so Lao-Tse pointiert, »bleibt nichts ungetan«. Gelassen können nur die sein, die auch etwas lassen können. Pausen sind also kein Zeitverlust und wären sie es, dann handelte es sich dabei um höchst sinn-volle, da ertragreiche Zeitverluste. Ein bedrohlicher Zeitverlust aber stünde uns bevor, wenn alle Pausen abgeschafft wären.

Die Pause ist zum einen ein kulturelles Phänomen. Sie wird von Menschen geschaffen und organisiert, zählt also zu dem, was wir unter menschlicher Handlungsfreiheit verstehen. Menschen können Pausen machen und sie können es auch sein lassen. Zum anderen aber – und das setzt der menschlichen Handlungsfreiheit wieder Grenzen – ist die Pause ein Naturphänomen. Sie wird dem Menschen von seiner Biologie vorgegeben und aufgedrängt, sie gehört – von Natur aus – zum Menschsein. Der Mensch braucht Pausen, er ist gezwungen, Pausen zu machen. Die Welt kennt keine Gesellschaft, keine Gemeinschaft und kein Individuum, dem Pausen fremd sind. Jegliches individuelle und soziale Leben vollzieht sich rhythmisch. Es pulsiert im Rhythmus von Aktivität und Passivität, von Tun und Lassen. Der Mensch, so der bekannte französische Gastrosoph Brillat-Savarin, »kann nicht fortwährend thätig sein; die Natur hat ihn zu unterbrochener Existenz bestimmt«. Gemeinschaften, die ihre Mitglieder zur Pausenlosigkeit zwingen, müssen daher unmenschlich genannt werden. Sie setzen sich über die Grenzen menschlicher Verfügungsgewalt hinweg und provozieren ihren baldigen Untergang. Eine Organisation, die keine Pausen kennt, ist nichts weiter als eine Menschenverschleißanstalt.

Die prominenteste, von der Natur gewollte Pause des Tages ist der Schlaf. Der Mensch »verschläft« durchschnittlich etwa ein knappes Drittel seines Lebens; bei einer Lebenserwartung von 90 Jahren demnach etwa 30 Jahre. Das ist keine, wie Zeitspar-ideologen gerne behaupten, »verlorene« Zeit, sondern eine für das Überleben notwendige tägliche Pause. Das hat den Heiligen

Franziskus dazu bewogen, zärtlich vom »großen Bruder Schlaf« zu sprechen. Doch in unseren Zeiten geht man mit diesem Bruder nicht gerade geschwisterlich um. Immer häufiger erfahren Menschen die Erholsamkeit des Schlafes nur mehr als etwas, was sie vermissen. Mit der bedauerlichen Folge, dass sie um ihre Träume gebracht werden. Was aber wäre ein Leben ohne Träume? Ein Albtraum! Die Wissenschaft fand heraus, dass Menschen mit Schlafdefiziten große Schwierigkeiten beim Lösen und Bewältigen komplexer Aufgaben haben. Im Umfeld ihrer Arbeit und im Straßenverkehr werden sie zu einem hohen Sicherheitsrisiko. Ebenso wissen wir um die Gefahren des Schlafmangels für die Gesundheit. Übergewicht, Herzkrankheiten, Diabetes, Depression und Angststörungen stehen hier an erster Stelle.

Nicht nur die Pausen innerer Natur, auch die der äußeren, die Vegetationspausen etwa, sind dem von der Wirtschaft ausgehenden Druck der Pausenlosigkeit, der Nonstop-Aktivität, heute relativ wehrlos ausgeliefert. Kein Supermarkt, kein Gemüsegeschäft lässt das Erleben der Vegetationsrhythmen mehr zu. Das Warenangebot kennt seit Längerem keine Vegetationspausen mehr und Schulbücher, die sie den Kindern im Unterricht näherbringen könnten, kennen sie auch nur noch in veralteten Ausgaben. Keine Pausen auch mehr bei der Bearbeitung landwirt- schaftlich genutzter Böden – dafür hat die Düngemittelindustrie gesorgt, und den Rest besorgt das weltweit vernetzte Transportsystem. Auf dem Wege, sich die Erde untertan zu machen, sind die Menschen zunehmend bestrebt, sich von den natürlichen Rhythmen abzukoppeln, insbesondere von denen der Aktivität und der Passivität.

Entwicklungs- und Reifeprozesse der inneren wie äußeren Natur vollziehen sich in Schüben. Und es sind die Pausen, die diesen Schüben in erster Linie Form und Gestalt verleihen. Sie sorgen für eine stabilisierende, sich wechselseitig verschränkende Dynamik von Bewegung und Ruhe in der Entwicklung. Das gilt auch für den Ablauf der Atmung, die im Dreischritt von Einatmen – Ausatmen – Pause abläuft und über den Puls alle Organe durchdringt. Nur Atemlose ignorieren das – halten es aber nicht lange durch.

Auch das Gehirn braucht Pausen. Es benötigt sie unter anderem, um Unterschiede machen zu können, und es braucht kurze Pausen, um Inhalte des Kurzzeit- ins Langzeitgedächtnis zu überführen. Die Aufmerksamkeitsressourcen des Menschen sind begrenzt, ebenso seine Informationsverarbeitungskapazität. Diese Begrenzungen zwingen zu Pausen. Menschen können zwar komplexer denken als Computer, aber sie können es nicht so schnell und vor allem nicht so pausenlos wie diese. Darüber hinaus sind Menschen kreativer als Maschinen, doch sie sind es nur, wenn man sie nicht zwingt, ständig kreativ sein zu müssen. Pausenlosigkeit, das ist wissenschaftlich bewiesen, macht opportunistisch. Ständiger, pausenloser Zeitdruck blockiert die kreative Leistungsfähigkeit und verhindert dadurch innovatives Denken und Handeln, weil in dann gezwungenermaßen auf bereits erprobte, gewohnte Verhaltensweisen zurückgegriffen wird.

In der Pause, vor allem in absichtslosen Pausen, haben die Gedanken Auslauf. Man kann die Zeit aus den Augen verlieren, um sie anschließend besser in den Blick nehmen zu können.

»Meine besten Einfälle«, so gesteht ein erfolgreicher Wissenschaftler, »habe ich unter der Dusche und am Sonntag, dann, wenn ich nicht auf sie warte.« Und aus der Bibel erfahren wir, dass es »der Herr manchen im Schlaf gibt«. »Für einen Intelligenten«, notierte Robert Walser einmal beiläufig, »ist es eine feine Freude, an nichts zu denken«.

Die Pause erst macht den Raum zum Ort, gibt dem geistigen wie auch dem körperlichen Unterwegssein ein Ziel und öffnet dabei den Blick für produktive Um- und Abwege. Pausen sind Leuchttürme des Daseins, die den Aktiven den Weg weisen und sie bewahren, an den Untiefen ihres Tuns zu scheitern. Sie vermitteln eine Ahnung davon, was man nach dem Innehalten erwarten kann. Pausen bieten die Gelegenheit, durch einen sanften Sturz aus dem Gewohnten gestärkt wieder auf die Beine zu kommen, um schließlich mit mehr Kraft und neuen Ideen fortzufahren. So verhindern Pausen die vorschnelle Anpassung ans Bestehende und Vorgegebene. Sie schaffen Abstand, machen im besten Sinne skeptisch, kritisch, urteils- und genussfähig. Zwar garantieren sie weder den tiefen Genuss noch das kluge Urteil, doch sie öffnen Chancen, wirklich genießen und urteilen zu können. Zwischenzeiten sind Zeiträume fürs Nachdenken, Vorausdenken, Abschalten und Verarbeiten. Sie fordern zum Flanieren auf, zum Sich-treiben-Lassen und ermuntern dazu, sich spielerisch zu erproben. Sie regen zum Nachdenken darüber an, wie es weitergehen soll.

Man kann es nicht oft genug wiederholen: Pausen sind nicht nichts, sind kein zeitliches Refugium für Faulenzer und Drückeberger. Im Gegenteil: Pausen sind der Humus für Gelegenheiten, die es sonst nicht gäbe, für wichtige Erfahrungen und einmalige Erlebnisse. Für die Pause gilt, was Rousseau über den »Bruder Schlaf« geschrieben hat: »Was würdet ihr wohl von einem Mann sagen, der, um das Leben völlig auszunützen, niemals schlafen wollte? Ihr würdet sagen: Dieser Mann ist ein Tor; er gewinnt dadurch nicht an Zeit, sondern beraubt sich derselben vielmehr; um dem Schlaf zu entfliehen, läuft er dem Tod entgegen.«

Pausenlosigkeit und ihr Preis

Nicht den Tod, aber den Verlust des Geschmacks müssen wir befürchten, wenn wir die Mittagspause weiterhin so stiefmütterlich behandeln, wie wir das, insbesondere in der Arbeitswelt, heutzutage tun. Die inzwischen Standard gewordene Dreißig-Minuten-Mittagspause ignoriert sowohl das biologisch bedingte längere Leistungstief zu dieser Zeit als auch die Tatsache, dass man Zeit benötigt, um zu schmecken, was man zu sich nimmt. Die neuerdings auch in südlichen Ländern Europas unter globalisierten Verwertungsdruck geratene Siesta-Tradition hatte beiden Realitäten noch Rechnung getragen. Doch auch um sie muss man fürchten.

Steigender Güterwohlstand ist aber keine sinnvolle Entschädigung für wachsende Zeitnot, so wenig wie die Zunahme der Essensmenge eine Entschädigung für zu geringe Essenszeit sein kann. Für diejenigen, die mehr Lebensqualität anstreben, lohnt es sich, die Mittagspause zu einer attraktiven Grünfläche im Rhythmus des Tagesablaufs auszugestalten.

Alle Versuche, den Menschen und seine Arbeitskraft auf Daueraktivität hin zu programmieren, sind bislang gescheitert und werden auch in Zukunft scheitern. Das belegt ein fast 100 Jahre zurückliegendes Realexperiment. 1914, zu Beginn des Ersten Weltkriegs, bemühte sich die englische Industrie, die Kriegswirtschaft durch unterschiedliche Maßnahmen anzukurbeln. Unter anderem beschloss sie, den arbeitsfreien Sonntag abzuschaffen. Zum Erstaunen aller, die das für eine gute Idee gehalten hatten, führte diese Entscheidung nicht zum erwarteten Wachstum der Wirtschaftsleistung. Im Gegenteil, durch die »Entsorgung« des Sonntags ging sie zurück. Doch damit nicht genug: Außerdem sank die Zahl der produzierten Güter, die Störungen im Betriebsablauf nahmen zu und die Arbeitsmotivation ab. Das Experiment wurde umgehend abgebrochen und der arbeitsfreie Sonntag wieder eingeführt. Die Lehre aus diesem gescheiterten Versuch, Pausenlosigkeit zur geltenden Norm zu machen, liegt auf der Hand: Die Arbeitsleistung hängt nicht nur davon ab, wie lange gearbeitet wird, sondern auch, wie lange nicht gearbeitet wird. Es lohnt sich, dieser Erkenntnis zu mehr Publizität zu verhelfen, gerade heute.

Sie ist übrigens nicht allzu neu. So schuf Gott die Welt bekanntlich in sechs Tagen. Am siebten Tag machte er eine Pause – nebenbei, nicht aus Gründen der Erschöpfung, sondern aus Gründen der Schöpfung. Am siebten Tag hat Gott sich nämlich einen Tag Zeit genommen, um die Pause und die Ruhe sowie

Anfang und Ende zu erschaffen. Und zugleich hat er gezeigt, wofür diese Zeitformen gut sind: zur Vollendung des Werks. Selbst Gott benötigte eine Pause, um seine Schöpfung abzuschließen, einen kritischen Blick darauf zu werfen und das Geschaffene zu bewerten. Ohne sie hätte er sich nicht sicher sein können, ob das, was er getan hatte, gut oder weniger gut gelungen war. Die Bibel bereits weist uns darauf hin, dass die Pause ein unverzichtbarer Teil eines jeden Schöpfungsaktes darstellt.

Nicht überall auf der Welt jedoch wird die Pause so verachtet wie bei uns – und auch bei uns war es früher nicht so. Traditionelle Gesellschaften kannten unsere Zeitprobleme nicht. Sie lebten nach den von der Natur und den Sternen vorgegebenen Zeiten und Rhythmen. Pausen waren für sie selbstverständlich und Pausenlosigkeit nicht vorstellbar. Ihr Dasein war eingebettet in einen für sie unveränderlichen, ewig geltenden Rhythmus von Tun und Lassen. Ganz anders dagegen moderne Gesellschaften. Deren Mitglieder lösten sich nach Erfindung und Verbreitung der mechanischen Uhr zunehmend von den Naturrhythmen, nahmen die Zeit in die eigene Hand und richteten sie in erster Linie an der Organisation von Arbeit aus. Der Takt der Uhr und der Maschinen wurde zum Mittel der zeitlichen Orientierung, die »Zeit ist Geld«-Logik zum Kriterium der Bewertung von Zeitqualität. Schnelligkeit wurde hinfort belohnt, Langsamkeit bestraft. Pausen behinderten die Beschleunigung. Sie wurden zu Störungen. Der Nonstop-Betrieb wurde zum erstrebten und erwünschten Ideal. Schließlich mussten der wachsenden Tendenz zur Geringschätzung der Pausen und des menschlichen Pausenbedarfs staatliche Arbeitsschutzgesetze und tarifliche Regelungen Einhalt gebieten, um die Arbeitenden vor gesundheitlichen Schäden und vorschnellen Arbeitskraftverlusten zu bewahren.

Zu Beginn des 21. Jahrhunderts hat die Pausenlosigkeit des »Immer-und-überall« die Lebenswelt weitestgehend im Griff. Die bereits länger zurückliegende Erfindung des elektrischen Lichts hat die Nacht zum Tag gemacht. Die rund um die Uhr geöffneten Supermärkte haben die Markttage vertrieben. Die Abschaffung der Ladenschlusszeiten fordert die Bürger zum Dauerkonsum auf. Die Freizeitindustrie und der Computer haben die sonntägliche Wochenpause fast zum Verschwinden gebracht. Wir fangen nicht mehr an, hören nicht mehr auf und machen aus diesem Grund auch keine Pause mehr. Keine Pause verkündet uns mehr, wann etwas losgeht und wann etwas aufhört. Anfänge werden durchs Einschalten ersetzt, Abschlüsse durchs Ausschalten und an die Stelle der Pause ist der Druck auf die Fernbedienung getreten.

Doch die Pausenlosigkeit hat ihren Preis. Als Orientierungswaisen im Kontinuum der Zeit bekommen wir zunehmend Probleme mit der Natur: mit unserer eigenen Natur (Gesundheitsprobleme) ebenso wie mit der äußeren Natur (Umwelt- und Klimakatastrophen). Dies weist darauf hin, wie notwendig Pausen sind und dass das Pausieren Naturschutz ist, insbesondere auch Naturschutz am eigenen Selbst. Es trägt nicht zuletzt der Tatsache Rechnung, dass die Natur nicht wie ein Kippschalter funktioniert, mit dem man sie je nach Belieben aus- und einschalten kann.

Dass selbst im Wirtschaftsbereich nicht auf Pausen verzichtet werden kann, zeigt jenes Desaster, das wir »Finanzkrise« nennen. Als die Kurse an den Börsen am Höhepunkt der Krise ihren Sturzflug angetreten hatten, erinnerte man sich an der Wall Street, aber auch an anderen Börsenplätzen an ein uraltes, oft erfolgreich angewendetes traditionelles Beruhigungs- und Stabilisierungsmittel: die Pause. Der Handel mit Wertpapieren wurde unterbrochen und für Stunden, an mehreren Finanzplätzen sogar für Tage, eingestellt. In Bankkreisen sprach man in diesem Zusammenhang von notwendigen »Denkpausen«. Doch diese Denkpausen hielten nicht lange an. Die bittere Erfahrung, dass pausenlose Geschäftstätigkeit ins Verderben führt, entfaltete keine allzu lange Wirkung. Inzwischen wird so weitergemacht wie zuvor – und ebenso pausenlos.

Noch aber ist die Pause auch im Alltag nicht ganz ausgestorben. Als Partisanenstrategie gegen die Zeitverdichtung überlebt sie weiter. Als Zigarettenpause – der einzigen Pause, in der die Zeit in Rauch aufgeht –, als überflüssiges Meeting, als unnötiger Gang zur Toilette, als Arbeitsessen ohne Arbeit, als nutzlose Recherche in der Bibliothek, als entbehrliche Plauderei auf dem Flur, als zielloses Surfen im Internet. Fernab aller Selbstbehauptungsstrategien sind Pausen, die Menschen durch Krankheiten aufgezwungen werden. Nicht selten sind sie die Folge pausenloser Belastung, stressintensiver Arbeit und einer nicht enden wollenden Flucht vor sich selbst. Das geht nicht immer gut aus. Glücklich können sich diejenigen schätzen, die nach ihren ungewollten Zwangspausen noch die Gelegenheit haben und die Kraft aufbringen, die Konsequenzen zu ziehen und ihre private Zeitkultur in Zukunft mit mehr Nischen des Innehaltens auszustatten. Das jedoch wird nur denen gelingen, die das Pausieren schätzen gelernt haben, die sein Potenzial für eine zufriedenstellende Lebensqualität kennen und achten. Man muss dabei nicht ganz so weit gehen wie Hans Castorp in Thomas Manns Roman *Der Zauberberg*: »Recht gesund fühle ich mich eigentlich nur, wenn ich gar nichts tue.«

Der Weg zu mehr Zeitwohlstand, zu einem zeitreichen und zeitsatten Leben, führt über Pausen und Ruhe. Kein Mensch kommt zur Besinnung, wenn er von Besinnung zu Besinnung eilt. Ohne Innehalten geht es nicht, ohne Pause kommt niemand zu Sinnen. Als »Entdichter« des Lebens sind die Pausen heute mehr denn je unverzichtbar in unserer Alltagshektik. Sie relativieren das Geschehen und nehmen ihm dadurch seine Alternativlosigkeit. Sie erlauben – wenn auch nur für eine kurze Zeit – den Ausstieg aus dem zwangsläufigen Verlauf der Ereignisse. Besäße die Freiheit zwei Schwestern, hieße die eine Muße, die andere Pause. Nicht die Ruhe, sondern die Pause ist die erste Bürgerpflicht.

Besonderen Schutzes und besonderer Pflege bedürfen die ungeplanten, nicht organisierten, überraschenden Pausen. Erinnern wir uns an die Kindheit: Welche Freude, welche Inspiration löste jeder unverhofft ausgefallene Schultag aus! Und erinnern wir uns an die beschwingten Tage unseres Verliebtseins: Welches Glück überfiel uns, wenn die geliebte Person, die man sich, um nicht allzu aufdringlich zu erscheinen, nicht getraut hatte anzurufen, plötzlich vor der Tür stand! Alles ließ man stehen und liegen, weil man keine Hand mehr frei hatte. In der »Rushhour des Lebens« aber findet man nur mehr selten Zeit, sich daran zu erinnern, und hat dabei verlernt, sich über die ungeplanten Pausen zu freuen. Im Gegenteil, sie sind lästig geworden, weil sie einen aus dem Konzept bringen. Was das für ein Konzept ist, lässt sich am Bahnsteig beobachten, wenn die Ankündigung einer Zugverspätung bei den ungeduldig Wartenden zum reflexhaften Griff nach dem Mobiltelefon führt. Weit und breit keine Freude, über den geschenkten Freiheitsspielraum und die Chance, für einige wenige Minuten dem Alltagsgetriebe entkommen zu können. Die Pause steht der Rundumverwertung von Zeit im Wege. Das ist umso bedauerlicher, als sie ein Geschenk ist, das uns immer wieder über die Mauer des Paradieses zugeworfen wird und das wir nur aufheben müssten, um uns als Beschenkte der Zeit fühlen zu dürfen. Um das aber tun zu können, müssten wir den Zeitgeist, so ein schönes Bild von Francis Bacon, nicht nur mit Flügeln, sondern auch mit Bleigewichten ausstatten.

Es ist die Ungeduld, die uns die Erfahrung von Ruhe und Besinnung verwehrt. Für Kafka bestand darin die Hauptsünde der Menschheit. Unruhe und Ungeduld, die beide zur Pausenlosigkeit führen, haben dem Menschen den Aufenthalt im Paradies gekostet und versperren ihm den Weg zurück. Sie haben die Menschen vergessen lassen, dass der Sinn allen Tuns dort seine Erfüllung findet, wo man zu keinem Tun mehr gezwungen wird. Ich mache Pause – also bin ich!

Und jetzt? Schieben Sie die Pause nicht auf die lange Bank. Suchen Sie sich eine, lassen Sie sich nieder und machen Sie nichts als Pause. Und sagen Sie nicht zu sich selbst: »Sitz nicht einfach nur da, tu etwas.« Sagen Sie zu sich: »Tue nichts, sitz einfach nur da.« Jeder Tag ohne Pause ist ein Irrtum, denn des Menschen Engel ist die Pause.

9 Vom Unbehagen in der Zeitkultur – zeitpolitische Perspektiven

Wer über Zeit schreibt, tut das zuallererst, um die Zeitgewohnheiten und Zeitmuster infrage zu stellen, denen wir in unserem Alltag blind folgen und die wir für »natürlich« halten. Er tut das in der Hoffnung, die Selbstverständlichkeit der herrschenden Zeitordnung ins Wanken bringen zu können. Wie viele Wünsche, bleibt aber auch dieser unerfüllt. Doch solange wir auf das Glück Anspruch erheben und der Meinung sind, etwas dazu beitragen zu können, ist es nicht ganz sinnlos, über Zeit zu schreiben und zu lesen. Es wäre jedoch ganz unvernünftig, sich mit Schreiben und Lesen zufriedenzugeben und es dabei zu belassen.

So unmöglich es ist, den Wind zu fangen, so ausgeschlossen ist es, die Zeit in den Griff zu bekommen. Denn nicht der

Mensch beherrscht die Zeit, es ist die Zeit, die über den Menschen herrscht. Das aber hält ihn nicht davon ab, sich mit noch nie da gewesenem Aufwand darum zu bemühen, sie unter sein Kuratell zu bringen. Dabei wird er von einer großen Anzahl auf Nanosekunden genau arbeitenden Geräten und Instrumenten unterstützt. Sie verstärken die Illusion, der Mensch wäre in der Lage, Zeit zu sparen und das Leben als Zeitsparveranstaltung zu gestalten, immer in der Hoffnung, es gäbe einen »Nachtragshaushalt« für Zeit. Doch den gibt es definitiv nicht. Leben nämlich findet statt, während man – immer vergeblich und daher sinnlos – Zeit zu sparen versucht. Dieses »Zeitsparleben« hat aber weder zu mehr Zeitwohlstand noch zu erhöhter Zeitzufriedenheit geführt, im Gegenteil: Es hat die Hetze und die Zeitnot des Alltags vermehrt. Würden wir nicht immerzu versuchen, mehr Zeit zu haben, hätten wir mehr Zeit.

In seiner wohl berühmtesten Schrift *Das Unbehagen in der Kultur* beschreibt Sigmund Freud die widersprüchliche Gefühlslage, die all dies zur Folge hat: »Die Menschen sind stolz auf diese Errungenschaften und haben ein Recht dazu. Aber sie glauben bemerkt zu haben, dass diese neu gewonnene Verfügung über Raum und Zeit, diese Unterwerfung der Naturkräfte, die Erfüllung jahrtausendealter Sehnsucht, das Maß von Lustbefriedigung, das sie vom Leben erwarten, nicht erhöht, sie nach ihren Empfindungen nicht glücklicher gemacht hat.«

Wir sollten uns endlich Freuds Forderung anschließen und uns »um das Wesen dieser Kultur kümmern, deren Glückswert in Zweifel gezogen wird«. Das ist heute dringender denn je.

Kümmern wir uns also um eine Zeitkultur, die eine möglichst freie und vielfältige zeitliche Gestaltung des Lebens zwischen Erwerbsarbeit, freier Tätigkeit und Muße gewährleistet. Ohne Zeitwohlstand, ohne eine qualitativ bunte Zeitvielfalt keine Lebensfreude und kein Wohlergehen. Erst wenn sich die Gelegenheiten vermehren und erweitern, vielfältige Zeitqualitäten zu leben und ohne Diskriminierungsgefahr leben zu dürfen, kann man damit rechnen, dass sich die »jahrtausendealte Sehnsucht« nach Lust am Leben und Lust an der Zeit erfüllt – zumindest zeitweise.

Das jedoch ist keine Privatangelegenheit, zumindest ist sie es nicht ausschließlich. Die Selbstverantwortung der Individuen für ihre eigene Lebensführung und ihre eigene Zeitgestaltung liegt, auch wenn das paradox klingt, nicht allein in ihrer eigenen Hand. Zeithaben und Zeitleben sind – nicht zu einem geringen Teil – Angelegenheit der *Zeitpolitik*. Diese beginnt bereits bei der Absicherung von Möglichkeiten und Spielräumen zeitlicher Selbstbestimmung in Familie, Beruf und Alltag. Sie schließt die Absicherung von Bürgerrechten im Hinblick auf eine Beteiligung an zeitpolitischen Entscheidungen, die die Gestaltung zeitlicher Lebensbedingungen betreffen, ein. Denn nur dann wäre sichergestellt, dass Zeitpolitik nicht als »Zwangsbeglückung« von oben geschieht.

Das alltägliche Zeitleben ist zeitpolitisch »gerahmt«. Nahezu alle zeitrelevanten Aktivitäten und Entscheidungen unseres Alltags sind von expliziten, mehr aber noch von impliziten zeitpolitischen Beschlüssen (viele davon durch gesetztes Recht) beeinflusst und vorstrukturiert. Man denke zum Beispiel an die Arbeitszeitregelungen, die Ladenöffnungszeiten, die Schulzeiten und das Lernpensum unserer Kinder oder auch an die Festlegung von Kostenpauschalen im Gesundheitswesen, die oftmals auf einer zeitlichen Normierung von Heilungs- und Pflegeabläufen basiert. Treiber dieser Entwicklung ist in der Regel die zunehmende Bewirtschaftung von Zeit. Entsprechend gilt es bei den Bürgerinnen und Bürgern, insbesondere aber bei den an der Beschlussfassung und der Gesetzgebung Beteiligten, ein »zeitpolitisches« Bewusstsein zu entwickeln, das die Ökonomisierung von Zeit in ihre Grenzen verweist und die nicht-ökonomischen Formen von Zeit und Zeitleben wieder wertzuschätzen lernt.

Aktive Zeitpolitik findet bevorzugt auf kommunaler und regionaler Ebene statt. Hier liegen die am meisten Erfolg versprechenden Möglichkeiten der Einflussnahme auf die Ausformung lebensweltlicher Zeitbedingungen. Hier sind auch die Chancen am größten, den Tendenzen einer weiteren maßlosen Ausdehnung des die Lebensqualität einschränkenden Imperativs der Beschleunigung Einhalt zu gebieten, um im Gegenzug ein buntes, vielfältiges Zeitleben zu gewährleisten, das Individuen, Familien und unterschiedlichen Gemeinschaften gleichermaßen entgegenkommt.

Unser überhastetes, ruheloses Zeithandeln macht es schwer, den nicht beschleunigbaren Zeitqualitäten etwas Positives abzugewinnen. Doch es wäre ein fataler Schritt von der Zeitkultur zur Zeitunkultur, wenn wir nicht mehr langsam sein und kaum noch Pausen machen dürften, auf Wiederholungen und aufs Warten verzichteten, ihnen nichts mehr abgewinnen könnten. Das gute Leben braucht Zeit und zwar ein buntes Kolorit lebendiger, ungleichmäßiger Zeitpigmentierungen: Neben Schnelligkeit und Beschleunigung auch die »purpurnen Stunden« (Oscar Wilde), ein schwankendes Gleichgewicht von Tempogeben und Temporausnehmen, neben *gefüllten* auch *erfüllte* Zeiten. Im Verlass darauf, dass die Gleichung »Zeit = Leben« stimmt und letztlich der Mensch selbst die Zeit ist, die er zu bewirtschaften versucht, könnten wir daher eigentlich etwas freundlicher mit ihr, unserer Lebenszeit, umgehen, als wir dies heutzutage tun. Zumindest dann, wenn es um Zeit geht, sollten wir versuchen, das Maß unserer Lernfähigkeit nicht zu unterschreiten.

Literatur

Adam, Barbara / Geißler, Karlheinz A. / Held, Martin (Hrsg.):
Die Nonstop-Gesellschaft und ihr Preis. Stuttgart 1998.

Aveni, Anthony: Rhythmen des Lebens. Eine Kulturgeschichte der
Zeit. Stuttgart 1991.

Baeriswyl, Michel: Chillout. Wege in eine neue Zeitkultur.
München 2001.

Elias, Norbert: Über die Zeit. Arbeiten zur Wissenssoziologie II.
Herausgegeben von Michael Schröter. Frankfurt a.M. 1984.

Geißler, Karlheinz A.: Wart mal schnell. Minima Temporalia.
Mit Monotypien von Traute Langner-Geißler. Stuttgart,
Leipzig 2002 (Taschenbuchausgabe: Freiburg 2005).

Geißler, Karlheinz A.: Zeit – verweile doch. Mit einem
Bilderzyklus von Karl Weibl. Freiburg 2008.

Geißler, Karlheinz A. / Kümmerer, Klaus / Sabelis, Ida (Hrsg.):
Zeit-Vielfalt. Wider das Diktat der Uhr. Stuttgart 2006.

Gronemeyer, Marianne: Das Leben als letzte Gelegenheit.
Sicherheitsbedürfnisse und Zeitknappheit. Darmstadt 1996.

Han, Byung-Chul: Duft der Zeit. Ein philosophischer Essay zur
Kunst des Verweilens. Bielefeld 2009.

Held, Martin / Geißler, Karlheinz A. (Hrsg.): Von Rhythmen und Eigenzeiten. Perspektiven einer Ökologie der Zeit. Stuttgart 1995.

Osten, Manfred: »Alles veloziferisch« oder Goethes Entdeckung der Langsamkeit. Zur Modernität eines Klassikers im 21. Jahrhundert. Frankfurt a.M. 2002.

Rosa, Hartmut: Beschleunigung. Die Veränderung der Zeitstrukturen in der Moderne (stw 1760). Frankfurt a.M. 2005.

Schneider, Manuel / Geißler, Karlheinz A. (Hrsg.): Flimmernde Zeiten. Vom Tempo der Medien. Stuttgart 1999.

Mehr Informationen und Hinweise zum Thema sowie zu Publikationen von Karlheinz A. Geißler unter: www.timesandmore.com.